向警察学管理

传奇民警的心路历程

张欣之 著

 海天出版社

· 深 圳 ·

图书在版编目（CIP）数据

向警察学管理：传奇民警的心路历程 / 张欣之著. —
深圳：海天出版社，2019.8
ISBN 978-7-5507-2679-6

Ⅰ．①向… Ⅱ．①张… Ⅲ．①管理学－通俗读物
Ⅳ．①C93-49

中国版本图书馆CIP数据核字(2019)第128676号

向警察学管理：传奇民警的心路历程
XIANG JINGCHA XUE GUANLI：CHUANQI MINJING DE XINLU LICHENG

出 品 人　聂雄前
执行策划　许全军
责任编辑　熊　星　朱丽伟
责任校对　聂文兵
责任技编　郑　欢
装帧设计　知行格致

出版发行　海天出版社
地　　址　深圳市彩田南路海天综合大厦（518033）
网　　址　www.htph.com.cn
订购电话　0755-83460397（批发）　83460239（邮购）
设计制作　深圳市知行格致文化传播有限公司 Tel：0755-83464427
印　　刷　深圳市华信图文印务有限公司
开　　本　787mm×1092mm　　1/16
印　　张　13.75
字　　数　170千字
版　　次　2019年8月第1版
印　　次　2019年8月第1次
定　　价　48.00元

为了曾经的纪念

我们都认为很熟知"曾经"一词，但真正使用时可能还交织着以下几种细微的情感。

曾经的自豪感。我以前总爱和别人说自己不喜欢回忆过去，因为那样做只有两种可能：一是说明自己老了，二是说明当下混得很糟糕。但与曾经连用的过去总是暗示着即使以现在的眼光来看也不会暗淡的辉煌，暗示着那是在同龄人中、同职业群体中至今还能引以为荣的成绩。

曾经的沧桑感。虽说所有值得纪念的成绩都伴随着艰辛的付出，但与曾经连用的成绩还是更禁得起时间和不同价值观的考量，这个成绩不是偶然或遭遇性的胜利结果，而是主动选择后的艰难前行，义无反顾地履行责任后问心无愧的苦涩一笑。

曾经的断裂感。这份断裂感由从过去到现在和从现在到未来，被动与主动互为因果的两个方面组成。也正是曾经的自豪感和沧桑感的作用，使人容易陷入徘徊在自恋的纠结中，而真正的断裂感才使曾经的美好不会蜕变成祥林嫂般重复的回忆。

既然不想历经沧桑后值得自豪的美好回忆蜕变为招人烦的絮叨，又不想断裂得突兀，最好的完型操作就是出本书纪念了。

目 录

CONTENTS

1

第三篇　　修其身　　**101**

第一篇

★

警言警

1

"不值得"定律

在心理学界有一个"不值得"定律，可表述为不值得做的事就不值得做好。此定律的应用极为广泛，从工业制造到行政执法，我们很多制造中的粗制滥造和执法中的应付了事都是基于"不值得"定律的思维方式。具体到警察工作，我们经常感慨：这么一件小事，怎么就不能认真做好呢？原因可能只是当事的警察认为这事本身就不值得做，所以为什么要认真做呢！

结合自己的工作实践，我将谈谈"不值得"定律的思维方式在警察中是如何形成的。我认为主要原因还是出在如何理解执行这一环节。

以前总听说，对于命令，理解要执行，不理解也要执行，在执行中慢慢理解。我曾经很困惑，不理解的命令怎么能执行呢？随着工作经历的增加，我逐渐明白了，对执行最大的干扰正是来自下级对命令的评估。换句话说，下级不应该评估命令的正确与否以及命令是不是值得做。从自由意志的角度讲，思考、评估是人类最基本的权利之一，不能也无法禁止。但从社会或组织管理的角度看，个体的思考会影响集体效率。为什么我们总是强调统一思想？因为统一的思想才能产生高效的行动。在执行的层面并不是不能思考，只是思考的内容应集中于如何执行好命令和要求，而不是思考命令和要求的合理性。辩证法告诉我们任何事物都有两面性，所以上级的命令和要求往往也是利益权衡的结果。如果下级专注于思考命令和要求的合理性，总是能发现不尽如人意之处的，"不值得"定律在此刻就潜移默化地产生作用了。

也许有同志问，我们先不管下级该不该评估命令，只说一个现象：上下级都对决策进行利害评估，为什么结论总是差距极大呢？其原因主要有二：信息不对称和心理投射。

信息不对称本身是经济学的名词，是多位经济学家在不同领域提出来的一个共同问题。意思是产品的卖方和买方对产品的各方面信息掌握得并不对称，当买方无法系统了解产品信息时，卖方自然较易推销劣质产品。此类现象充斥于社会生活的方方面面。在公安工作的日常管理中，信息不对称主要表现为高层决策依赖的信息往往是基层无法掌握的，比如高层根据公安系统的各个地区、各个层级短时间内接连出现涉及枪支的问题，决定大范围地搞一次治理行动。但此行动受检的基层单位对此理解可不一样，因为绝大多数基层的管理还是比较规范的，基层如果从局部看问题自然会觉得此行动没有必要，所以没必要做好，几次应付性地执行后也是顺利过关，就会逐步形成敷衍了事的工作习惯。

心理投射也是一个心理学专有名词，意思是人们往往把自己心中的想法投射到周围的事物之上。所以当觉得某事不值得做时，很可能是我们内心不想做。"多干多错，少干少错，不干不错"被一些人奉为真理，但我们回忆一下历年的责任事故，有几起是因为多干造成的？我们千万不能把履职称为多干活，相反，不履职即为渎职。所以不是工作本身增加错误，而是我们心里深处根本不想工作，而所谓多干多错只是我们内心对不想工作的一个合理化过程。

合理化仍是一个心理学名词，指当人在做一件与他价值观不相符的事情时，往往要换一个角度或方式来思考，最终将事件和价值观调整到一起。比如水泊梁山的有些好汉干杀人放火的事，这和另外一些好汉价值观相背，如林冲等。宋江上山后推出"替天行道"的价值理念，即我们的杀人劫道不是强盗的行为，而是在乱世中"替天行道"，这马上合理化了许多好汉的价值观，减少冲突。

经过以上分析，我们发现"不值得"定律源于信息不对称和心理投射两个方面，这两方面的解决都有赖于民警自身。先说心理投射方面，我们要加强自身反省，不能存有希望不干活儿而又白拿钱的心理，这种心理是对惰性的放任，最终对自己的伤害可能还超过对组织的伤害。再说信息不对称方面，我们要加强学习。随着公安工作管理的逐步透明，我们对公安机关高层决策的背景开始有所了解。而且我个人认为造成公安高层与基层信息不对称的主要原因，往往不是掌握信息多少的区别，而是思虑远近的差别。同一件事用当下的眼光和预想五年发展后的眼光去看，观点自然有所不同。而如果对公安事业总体发展有个基本预期，虽然不太准确，但当用三五年的视角审视高层决策时，我们还真能对很多措施有所理解，不会再认为哪件事没有必要，所以我们还要培养自己用长远的眼光看问题的能力。

2

从警三部曲

　　刚刚走入警察队伍的年轻人可能会怀有一种矛盾的心情：一方面是对未来工作的无限憧憬，另一方面又是对如何工作的一些恐惧。虽然会对新警进行培训，但由于公安工作内容太繁杂，又是多警种一起受训，而培训内容也都以警察的主要几项业务技能为主，故对于新警的困惑不能很好地有针对性地解决。我将结合个人的从警经历，借此文谈谈对公安工作的一些认识。

　　我认为从警之路大概可以分为三个阶段：一是明了自己要做什么，二是牢记自己是什么，三是关注自己能成为什么。第一阶段容易理解，就是新警首先要对自己的业务熟悉，了解本岗位的工作要求。虽然警界也在引入现代管理方法，对于每个岗位都有一定的工作描述。但遗憾的是，新警很少能将自己职责牌上的内容完全掌握，原因之一可能是部分内容在实际工作中不常见，原因之二可能是职责牌描述得比较简单，并不是很清楚。但不论怎样，新警都要尽全力熟悉、掌握本岗位的各种要求。不能简单地理解为刑警就是破案，交警就是站岗，片警就是上门，户籍警就是办证，等等。并且岗位要求并不单单是工作内容，还包括了本工作的法律依据和一些细节化内部规范，甚至还要注意对一定的工作结果负责。比如户籍警加班加点为群众做了不少事，却总因态度问题被群众投诉；刑警虽破了案，但又可能会因为刑讯逼供被检察院调查；等等。

从警的第二个阶段是牢记自己是什么。这是希望新警能随时强化自己的警察身份，更是要求新警能尽早认同警队的文化。所谓牢记自己是警察意味着要随时按照警察的标准要求自己，而且这种标准既有警队自身的显性标准，又有社会群众赋予的隐性标准。显性标准易于理解，一般都在文件上有规定，领导在会议上会强调。但隐性标准就比较模糊了，受"有困难找警察"之类的宣传口号的影响，不少群众自觉不自觉地给警察赋予了诸多的职能和要求。比如在商场内，甚至可能有群众会因为你穿了警服而要求你帮忙看小孩。此事从警察职责方面讲确实算不上，但却反映了群众对警察的巨大信任，所以这在警队文化中属于社会性的隐性标准。

对于新警而言，第三个阶段最为重要，关注自己能成为什么，这实际上是指要充分挖掘个人潜力，对自己的长远发展有个远期目标。记得童年时代，老师总鼓励我们要从小树立远大理想，但随着时间流逝和现实生活的磋磨，绝大多数人渐渐忘掉了当年的志向，而始终坚持自己理想的极少数人的发展一般比其他人要好得多。工作的道理也相同，如果在开始阶段就能为自己设立一个务实的方向，不管最后能不能达到这一目标，在对目标的追求过程中自己都会有长足进步。

当确立了自己的工作目标后，下一项任务就是培养自己应对挫折的能力。以前研究成功学的人强调智商与情商在成功中起到的作用，但新研究发现，能否成功还有一个至关重要的因素——逆境商。不管是警察还是其他职业，不论是谁都会遇到各种问题和麻烦，对年轻人的成长而言，最大的"杀手"是自我设限。自我设限指年轻人在挫折面前自我否定，自我怀疑，不自觉地认为自己不行。试想一个人的智商与情商再高，也会遇到各种各样的挫折，如果逆境商不高，久而久之，他就会下意识地认为自己这也不行，那也不行。在这种思维的指导下，他的未来又能有什么发展呢？在心理学中有一个著名实验：把一只跳蚤放在一个盒子中，上面盖一个玻璃盖子，跳蚤每次向上跳都会撞到玻璃盖子，几次后跳蚤就不会用力跳了。令人吃惊的是，拿走玻璃盖子后，跳蚤也不再用力跳了——玻璃盖子在它的心中生了根了。实验虽然用的是一只跳蚤，但在生活中，我们每个人都会遇到各种各样的"玻璃盖子"。"玻璃盖子"存在的原因各有不同，但我们突破的方式却只有一个。

公安工作整体上正处于转型期，所以在职能与业务，甚至观念、理念方面都在悄然地发生变化，在此过程中只有一项事实不会改变，即工作量会加大，特别是一线民警的工作压力只增不减。如果压力改变不了，我们就只能改变面对压力的态度了。新警在工作中不管面临什么挑战，只要从做什么，是什么，能成为什么三个方面要求自己，就能化压力为动力，将问题变为挑战和机遇。

3

丁公与季布

丁公与季布都是楚汉之争时期项羽手下的大将，都曾奉命追杀刘邦。季布虽然没有直接追杀刘邦，但多次逼得刘邦走投无路，而丁公确实曾经追赶上刘邦，却在可能得手的情况下主动放了刘邦一条生路。在刘邦取得胜利后，两人作为刘邦的仇人和恩人，结局却很有意思。季布最初受到刘邦追杀，后经高人劝说，刘邦不仅赦免了季布，而且任命他为郎中。丁公作为恩人主动找刘邦请赏，刘邦却把丁公拉到军营中示众并说："丁公身为项王的臣子却不忠诚履职，致使项王失掉天下！"随后把丁公杀了以告诫臣子不要效法丁公。

对于如此典型的管理学案例，我们很容易会把此现象归结为"屁股指挥脑袋"，即刘邦在两个阶段中所处的位置不同。以实力而论，楚汉战争时期的刘邦排名第二，项羽第一，刘邦称帝后才成为真正的一把手，所以对丁公与季布的处理也不同。但"屁股指挥脑袋"的管理现象反映的是利益格局决定思维方法，如果继续按照利益格局的思路分析，我们发现刘邦是在冒险。因为当时天下初定，群王还是处于半割据状态，刘邦的帝位并不牢固，随时可能发生战争，刘邦因此难免还会被追杀。而你今天奖励了追杀你的人，斩了相救之人，明天如果再出现被追杀的场景，结局会如何呢？所以刘邦在丁公和季布事件中的做法恰恰不是"屁股指挥脑袋"，而是跳出了个人利益的格局，置个人安全于不顾，把王朝千年基业放在首位。刘邦如果只沉浸于个人安全的小格局，丁公肯定被表彰，季布只能被追杀，那汉王朝肯定不会长久。刘邦正是跳出了"屁股指挥脑袋"的管理小格局，站在千秋万代的高度，这才有了西汉、东汉几百年的基业。由此给我们的启示是，"屁股指挥脑袋"并非管理中的必然现象，相反是一种领导者小格局造成的管理通病。

在警言警，我们总听说有人把公安工作当成一种职业来做，有人把公安工作当成一种事业来做。言外之意，当事业来做比当职业来做要好，但我们没人问到底事业与职业有什么不同。可能我们隐约觉得事业心会使人上进，态度认真，任劳任怨，等等；而职业心只能是得过且过，当一天和尚撞一天钟。这有些道理。但事业心与职业心的真正核心区别还是个人格局大小，即我们把公安工作放在多少年的角度来看。公安工作如何千秋万代我们不敢说，但只要以三五十年为尺度，即可发现事业与职业的极大区别。

对此，我们以如实立案为例，当发生不如实立案的情况时，实际上警队上下都是职业心的小格局在作祟。当每一级警察都把公安工作作为一个普通职业时，会患得患失，且极易把个人前途发展置于公安事业发展之前，于是从众性地作假、报假也成为必然趋势。如果，我们每一个警察，或是警察中的大部分人都以公安工作未来三五十年的发展为基础，自然会发现不如实立案的危害。立案造假的主要原因是个别领导认为刑事发案仅仅反映出社会治安状况（发案少当然标志治安好），但忽视了一个重要问题，即如实立案实际上也是侦查破案的宝贵矿藏。每一宗刑事立案都反映着犯罪分子的作案手法、行动轨迹、行为特征，甚至心理特征，这都为打击犯罪提供了极为重要的信息。而且刑事案件还反映了这个区域防范的漏洞，直接影响着人力、物力、财力等防范资源的

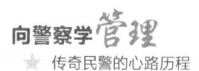
有效配置，所以如实立案有百利而无一害。

当我们自诩以事业心来从事公安工作时，应意识到事业心绝不是一句口号，也不是具体工作中认真细致那么简单，而是如何跳出"屁股指挥脑袋"的小格局，如何站在公安工作长远发展的角度看，如何本着个人利益后置于公安事业的原则执法、做事。

动力与阻力

　　一辆辆奔驰的汽车在激烈的竞争中，取胜取决于两个因素：动力系统和阻力系统。动力系统，顾名思义是指汽车以发动机为主导的能源系统，阻力系统则是指汽车行进期间遇到的各种阻力的总和。所以要使汽车在竞争中获胜，方法无外乎两个：一是提升动力系统，二是抑制阻力系统。

　　根据以上理论，警察个体在职业生涯中如果要跑得更远或是笑到最后，要么是提升自己的动力系统，要么是抑制自己的阻力系统。警察个体的动力系统主要指人内在各种素质和品质，包括价值观、习惯、工作热情、工作态度等。而阻力系统当然指个体外部的各种环境，包括同事关系、领导的风格、工作对象等因素。从表面上看，内在的动力系统主要由个人控制，可以随时调整，而在改进阻力系统中，个人作用不大，和自身努力无关，主要是外界因素。这其实大错特错。阻力系统虽是外界因素，但属于人际互动中的另一方，自己的表现对阻力系统的改善不是不重要，而是至关重要。

　　动力系统与阻力系统在警察个体的成长过程中有什么阶段性的特点吗？经过观察，我觉得年轻警察更多的问题出在阻力系统方面，年轻人刚刚走上工作岗位，多是胸怀大志想干出一番事业。但由于对社会和工作中的一些隐性规则不了解，很容易无谓地给自己增添许多阻力。而且如果自己没有注意，一味地认为加大动力系统就能克服阻力系统，反而是缘木求鱼。因为阻力与动力是伴生的，越加大动力，阻力也越大。最后，阻力系统不但没有减少，自己的动力系统也遭受巨大打击。随着年龄和阅历的增长，进入中年之后的民警，阻力系统得到改善，但是本人的动力系统往往会出现问题。动力不足，进取心不够，所以工作上涣散、怠慢的情形会时有发生，这种情况随着年龄的增长，一般会越来越明显。

在实际工作中，我们还发现，其实不同警察在各个年龄段的动力系统和阻力系统都会出现一些问题。所以，根据警察个体在不同年龄段动力系统与阻力系统表现出的不同特点，我们应相应地调整管理策略。

对于新入警的青年民警来说，阻力系统会出现什么问题呢？我认为主要出在人际交往方面，毕竟工作单位和家、学校有着天壤之别。在家里，父母可以无条件地爱子女；在学校，老师一般更偏爱成绩好的学生；但在工作岗位，就算你工作成绩再出色，领导和同事们也都不会无条件、无原则地接受一个没有社会交往常识的业务骨干。如何给新警补上这一课还是要从培训入手，我们以前的新警培训都侧重于业务知识，对一些人际交往方面的知识介绍得少，造成新警容易出现沟通不畅的情况。我们不能把新警的成长都寄希望于让他们总结自己的教训，还是要尽可能地多借鉴别人的经验。如果新警们都能多掌握一些沟通技巧，那么不管是与同事合作，还是处理一些群众问题，都会减少很多阻力。

新警在动力系统方面又会出现什么问题呢？公安工作看起来复杂，实际上，半年基本可以熟练掌握。然而，不少年轻人都会面临一个问题——如何戒懒？从理论上讲，年轻人是不应该懒惰的。但古人说过无利不起早，而年轻人很难在工作中看到"利"，那如何"无利起早"

呢？我认为只有把长远的利益和眼前的工作结合起来，才能从提升能力方面发现目前工作的意义，才有可能攻克无利不起早的难题。

总体而言，从警时间越久，警察的动力系统出现的问题就越大，集中表现为工作热情不高、敷衍了事、责任心不强等状态。针对这些现象，不但要从思想工作方面入手，更要注意改进管理方法。多年来的高强度工作，部分警察表现出不同程度的职业倦怠可以理解，但不代表这些现象是理所当然的。各级管理者应对这些现象，应调整警队的激励机制，通过奖惩分明、明晰责权利等多种管理杠杆调节职业倦怠问题。

公安工作的本质就是与人打交道，所以一般警察工作时间久了后在人际交往方面都不会出现大问题。那老警察在阻力系统方面会出现什么问题呢？我认为主要出现在与同事合作方面，特别是业务能力强的同志一定要注意戒斗。由于业务能力强，个别警察容易出现彼此不服气、瞧不起合作同事等问题。这种情绪会带入工作之中，那同事关系自然可想而知。公安工作说到底还是团队合作重于个人能力，所以不管是各级领导还是普通民警，争强好斗最终只能两败俱伤。试想在这种工作环境中，即使动力系统再强，人为地给工作增加了如此大的阻力，那又能走多远呢？

以上通过对动力系统和阻力系统的分析，我们发现任何警察在任何阶段都要调整、审视自己的两个系统，不管外界条件、工作环境如何变化，每个人都最应该为自己的成长负责。

5

感觉的时代

身为警察，我从前有个困惑，保险推销员的佣金来自群众的腰包，为什么群众并无异议？而警察天天在无偿为人民服务，群众反而意见纷纷？感觉的时代正好可以解释此困惑，推销员给了群众好的感觉，而我们没有。所以我们警察有必要重新思考感觉的时代下新的警务模式。

我的一些同事在被投诉时感到很委屈，也很疑惑，因为很多投诉都是"说话粗鲁""脸色难看"之类。我们不解是因为这些行为并没有伤害群众什么实际利益，也不会影响公正执法。但原因很简单，被投诉是因为我们的这些行为影响了群众的感觉，让群众感到不爽！

那有的同事会说："警察也有感觉，我们的感觉谁照顾呀！"对此，我们只能参照服务行业，为什么有的人在饭店、宾馆对服务员横挑鼻子竖挑眼？为什么有的人拿起电话就毫无顾虑地投诉电信、移动公司？因为这些地方都在卖感觉。试想有多少人会因为功能的原因更换商品？绝大多数情况下，我们换品牌、换服务，是因为我们感觉很不爽！诚然，公安业务和这些行业有着许多本质的不同，但为人民服务不能只是一句空口号。服务业的本质是什么？就是提供一种感觉！所以感觉的时代告诉我们，在警务工作中，我们说了什么，做了什么并不重要，重要的是群众感觉到了什么！

可能有同志认为感觉太个性化了，没有规律可循，所以我们无法调整警务模式。我以为不尽然。如果综合各服务行业，我们可以把提供感觉的服务划分为三个层次。

第一层次是零和博弈，即你输我赢，或我输你赢。这也就是为什么我们总认为信访干部一定要忍气吞声，忍辱负重。因为我们总是认为如果一方在心理上达到满意，一定要建立在对方的屈辱之上。这一点和中国文化有着密切的联系。我国有着极长的等级社会历史，在等级社会中，服务业恰恰都处于下层，同时上层社会并没有形成对下层人格尊重的文化。社会心理学中有一个著名的模仿定律，即下层乐于模仿上层的生活方式和价值理念，于是中国旧文化中天然形成着对服务从业人员的偏见。1949年后，讲求人人平等，大家都是国家主人了，但对服务业的偏见并不会立刻消失，我们的服务业或多或少仍是以面无表情甚至不耐烦见长，甚至依然有人认为服务工作是侍候人的。到了今日，如果对服务工作的理解还停留在此层次，必然认为服务是自己蒙受着屈辱去换取对方的满意。

第二层次是专业精神，即认为好的服务态度是一种专业的表现。我们很高兴地看到目前已完全推向市场的服务行业已经基本上达到了这个层次，比如餐饮、娱乐、通信、民航等。此层次已把好的服务态度作为一种专业表现，已不再把身份、尊严等不相关的意识混杂到职业中。更高的第三层次是助人为乐，能够把个人的自我实现通过普通的服务工作表现出来。

当前，我们已经可以清晰地看到，服务职能在公安工作中占据了越来越大的比例。当警察的职能越来越向服务职能转化时，我们暂时出现角色错位都是正常现象，但如果我们已确信这是一种大趋势，那么自然要在感觉的时代相应地主动调整警务模式，同时注意向真正的服务行业学习。做不到人人都达到第三层次，至少做到第二层次的专业服务。这样，我们可以少被投诉，少受几分内心的挣扎，群众也可以在警务活动中得到好的感觉。

6

高执行力背后的隐忧

这几年在不断强调执行力问题之下，随着各项检查、督导措施的出台，公安系统内各机关、部门的执行力明显提升，找借口，找理由，谈条件的现象也明显减少。但我在这种命令、指示顺畅的行政运作中反而感觉到更多的隐忧。

执行力提升的模式大致可以分为三种：一是由内自生型，二是由外诱生型，三是因高压催生型。由内自生型是指民警从自己的内心升华出责任感和使命感，从而提升工作的执行力。由外诱生型是指警队管理中加重、加宽对民警的晋升、立功、奖金等方面的激励，促使民警在这些目标的诱使下提升执行力。高压催生型是指在管理中不断向基层施加压力，民警在上层的强力高压下提升执行力。我个人认为，近几年民警执行力的提升在很大程度上属于第二种和第三种，这两种中，第三种高压催生型尤为主要。而这也正是高执行力背后的第一个隐忧。

铁人王进喜讲过："井无压力不出油，人无压力轻飘飘。"这确实正确，但问题是人能承受的压力到底有多大？通过加压的方式提高执行力，会不断给领导错觉，认为执行力不强就是压力不够的原因，所以压力不停地加，同时我们又没有研究压力合适度的机制，因此，在不停地加压之下，我们早晚会看到"压倒骆驼的最后一根稻草"。

高执行力背后的第二个隐忧是领导不断膨胀的工作豪情。执行力提升无疑会促进工作效率提升，但对其中一个环节并不一定是好事，这就是领导决策环节。表面看，执行力提升了，政令顺畅了，领导应是最大受益者。其实不然，因为在行政体制内缺少一个非常关键的机制——执行反馈机制，更准确地讲，是真实地向上级反馈执行情况的机制。我们可以回顾一下，我们很少听说领导的哪个决策有问题，一般都是正确的。正是缺失了这一环，所以想干事的领导都是充满豪情的。试想，如果领导的决策通过下属的高执行力不断实现，而且反馈的都是一片大好，民警也拥护，群众也欢迎。从心理学上讲，在这种良性刺激下，没有人的头脑会不发热，工作豪情自然不断膨胀。

反馈机制的缺失，即使是一贯正确的决策，领导者依然会面对第三个隐忧——缺乏逆境商。在对成功者的总结中，我们先发现了智商和情商两大因素，但随着危机处理理论的出现，人们又找到一个影响成功的关键因素——逆境商，即人类处理危机，直面困难的能力。对此最典型的例子莫过于项羽，项羽垓下之战战败后，突围来到乌江边，一老者已泊船在江边等候，并告知项羽方圆百里只有此船，过江后即可东山再起，但项羽以无颜见江东父老为由拔剑自刎。项羽征战一生当然知道胜败乃兵家常事，但如此不能面对失败，在很大程度上还是由于缺乏逆境商，成功太多了，成长太顺了，危机同时也埋下了。当然我们没必要刻意追求挫折，但没有受过什么挫折以至于心理承受能力不强也不乏是个隐忧。当无数后人感慨"至今思项羽，不肯过江东"时，实际上也是对后人的一种逆境商的教育。

以上提出的三种隐忧，归根结底还是领导的问题，第一种情况要求领导的工作方法不能简单粗暴；第二种情况要求领导要认真调查研究，虚心听取反馈意见；第三种情况要求领导居安思危，即使在执行力顺畅的行政环境中，依然保持危机意识，并培养面对、处理危机和困难的各种能力。此文的目的是要提醒我们公安系统的各级领导，在执行力顺畅的背后依然存在固有的问题。我认为对于有些问题，发现比解决还重要，因为一旦注意了，自然也就容易找到解决之道。

7

公安基层管理者的江湖情结

　　此文中的江湖情结主要指江湖文化中的义气成分。在公安系统中，有不少领导带队伍的管理风格颇有些江湖色彩，越基层越明显、越普遍。如果我们简单地把此现象归结为基层领导水平低，喜欢拉帮结派、搞江湖义气，这不免有失公允。因为首先义气符合普通百姓的公共价值观，只是义气和江湖一词连用时才颇带有贬义；其次基层带队伍以义气为纽带的方式可能有其自身的道理。

　　为了更好地解释公安基层的管理现象，我们先分析一下义气为什么能成为管理的一种方法。义气作为一种价值观，最大特点是宣传为朋友牺牲的精神，这有两大好处：一是道理看得见，二是利益摸得着。道理看得见是指，道理变得通俗易懂，便于操作。因为很多道理看起来很美，听着很神圣，但很难说清楚到底是什么意思。比如与"义"有关的正义、公义、民族大义等。但为朋友牺牲一下子使道理简单明了，而且还是为别人牺牲，毅然舍去自己的利益，行为是那么神圣、高尚。利益摸得着是指，每个人能从理论中得到现实的好处。试想一个圈子内，如果每个人都有为别人牺牲的精神，那么每个人都能从中得到现实利益。而很多大道理背后的利益往往过于遥远、虚幻，所以对于知识程度不高、信念不够坚定的多数人来说，为朋友牺牲的义气更为直观、现实、便于操作，而且见效快。那么义气除了这两大优点外，还有哪些缺点呢？还是两个：小圈子和小格局。

小圈子是说，当义气被定义为为朋友牺牲的精神时，义气注定只能在一个小圈子中实现。义气虽然也算一种价值观，但它更多靠感情维系，感情虽然有缘分的因素，但主要还是时间的产物。因为每个人的时间、精力有限，即使像宋江一样广交朋友，梁山一百零八将中他直接经营的朋友也不过武松、李逵、花荣等十几个。朋友的含义就是感情的依赖，而感情又靠时间的投入，虽然有久不见面依然友情常驻的例子，但多数朋友还是以时间堆积成的。

小格局是说，由于定义为只为朋友牺牲时，朋友之外其他人的利益自然不被考虑，如果只为少数人利益奋斗，那格局肯定小。而且当社会利益与朋友利益发生冲突时，坚守义气的价值观肯定会丧失原则，行为上违背社会大众的利益。

通过以上对义气优缺点的分析，我们自然可以理解为什么公安系统基层领导经常表现出江湖大哥的作风，带队伍也经常用讲义气的方法。因为义气的两个优点没问题，很顺手就采用拿来主义了，而缺点中的小圈子在基层也不太像缺点，因为基层公安队伍本来人就少，先天符合小圈子结构特点。

以上例证只是解释了为什么有些公安基层领导会表现出强烈的江湖情结，而且做事也带有明显的江湖特征，但不代表这一切合理。我反对"存在即合理"的观点，认为基层领导的江湖做派还是存在三大隐忧。

一是圈子太小。基层自身结构虽然本来就是小圈子，但还是有个别领导在小圈子内再设小圈子。有的领导为自己设立了组织内的同乡圈、校友圈、喝酒圈、麻将圈等，偏偏没有工作圈。在这些小小圈子内确实可以做到气氛和谐，"用感情带队伍"之类，但它的危害在于排斥了外围人。基层本来就是最小工作单位，当有人游离其外时，即使领导无意孤立某人，某人也会有被孤立的感觉。唐骏提出的圆心理论，即管理者在组织中应处于圆心的位置，和周边人距离相等。我觉得这个理论很适合公安基层管理。领导即使不能站在正圆心上面，哪怕站在椭圆心上面也行，但遗憾的是，有些领导站在几个圆套在一起的同心圆的圆心上面，那外围的人自然永远被隔离在外圆。

二是格局小。上文说过这是义气文化的先天缺陷，格局小本来也不是太大的问题，我们普通百姓并不需要看问题有多高的高度。但在公安系统可完全不同，因为公安机关是执法机关，执法最重要的是公平，要严格遵行法律面前人人平等。为什么群众遇到法律纠纷第一反应常常是找熟人，这说明我们执法中多多少少还是有"人熟好办事"的现象，这种思维本身就是格局小的一个表现。而格局小还直接影响领导判断问题的视野，这点在处理内部人违法、违规问题上尤为明显。格局小的领导习惯于母鸡护小鸡的模式，认为既然跟着我干，那么出了问题我也要保护，这会影响一支队伍的长远发展。

三是领导个人自身的发展受到限制。在众多关于中国近代革命的影视作品中，经常有土匪头子被思想改造后走上革命道路的故事。在土匪中能当到头子，已证明其义气管理的水平，但如果要进一步发展，只凭义气做事显然不够了。义气虽然也算一种价值观，但只能用于维系少数不多的人，如果要进一步发展为更多人做更多的事，领导自身必须彻底改造价值观，从为哥们、朋友谋福利提升到为广大群众谋利益。

以上我分析了公安系统基层领导的江湖情结，综述了义气管理的优缺点，我的总体结论还是义气管理在公安基层作为一个现象存在有一定的道理，但这只能说是属于某个时段的特征，不意味着没有修正的必要。随着法制的进步，公民公平意识的觉醒，坚守江湖作风的领导要认真反思。

8

归功于外与归责于内

归因是心理学中的一个重要概念，也是一种非常普遍的现象，指个体对自己或他人行为的原因加以解释和推测的过程。此文的归功于外和归责于内都是一种生活中的自我行为归因。归功于外是当自己取得成绩后，我们应把成功的原因多归结于他人的支持和帮助，这也算是感恩文化的一种形式；归责于内是指当工作不尽如人意或出现差错时，我们应把其中的责任归咎于自己。

当然我们清楚，除了天上掉馅饼、瞎猫碰上死耗子之外，任何一种成功都离不开个人的努力。单纯从心理学角度讲，把成功的原因归结于自身努力属于内归因，内归因更有益于个人成长，试想如果把每次成功都归因于环境和他人帮助，那个人自然不会再付出更多努力。同样道理，我们对失败的归因习惯于外归因，即把个人失败归罪于他人不配合，或合作者无能，或是运气太差，等等。这种归功于内和归责于外的思维模式固然可以激发我们的努力或是保护自尊心。但这只适用于学生阶段，因为学生阶段的成功是以考试成绩为标准，而每一次的考试固然离不开老师的帮助，但由于所有人都有老师的帮助，所以决定学生成绩的还是以个人原因为主。同时如果考试成绩很差，继续内归因，虽然也可能会归因于努力不足，但更多人倾向于自我能力否定，个人自信心会在成长中受影响。

以上的归因方式很适用于个人奋斗的范畴之内，但工作环境和学生时代大不相同，个人单打独斗的情境要少了很多。特别是公安工作更有着自身特点，因为公安工作的很多内容涉及执法，而执法中为了保证公平、公正和民警安全，特别在侦查办案领域一般都要求两名及以上的民警同时进行。而且公安队伍的管理要求也经常是标准化的团队作业，这些因素都说明公安工作是一种高度配合和高度合作的职业。所以如果我们继续采用对成功内归因，每次工作成绩都归功于个人努力的结果；对失败外归因，即失误都是领导指挥不当或是同事配合不够。试想在一个集体中，有谁愿意要这样的下属，或者谁愿意和这种同事一起工作？

当然，有同志认为在集体生活中，只要我们不把归功于内和归责于外的情绪表露出来也无可厚非。但要知道，这种思维模式一经形成，不通过情绪流露几乎不可能，因为在成功面前的沾沾自喜，在失败后进行百般解释都是很自然的条件反射。退一万步讲，即使有人确实可以把情绪隐藏得很好，但这种思维方法同样会阻碍一个人的未来发展。

归功于外是感恩的一种形式，而我们往往认为感恩只是让其他人满意，实际上自己同样是感恩行为的受益者。在成功面前，人的自信会增长，但有时增长更快的是自大。故成功次数越多，人常常越自大。为什么很多成功者最后的下场很凄惨？实际上就是自信心爆棚之后的无限自大把自己推向了惨败。而感恩之心就是个人成长过程中的一个刹车机制，多把成功的原因归于他人帮助，能使自我在成功后尽量保持冷静、克制。成功后的头脑发热、发胀人人都会有，但感恩至少能使我们不会过于盲目自大。好比把车辆稍稍检修一下再向下一个目标冲击。而在失败面前的归责于内实际上是使自己少一些牢骚、抱怨，多一些检讨、反思。成年人的自信心一般都没有问题，但进取心反而容易不足，特别是一旦进入牢骚的怪圈，那整个人很可能向控诉型人格发展，要不永远是别人的错误，要不就是生不逢时，最后牢骚和抱怨会慢慢地像软钉子一样把自己钉在原地。

此文通过心理学中的归因理论阐述了在公安实践工作中，特别是在团队合作的情境内，个体警察形成归功于外和归责于内的思维模式的重要意义。我们同时发现归因并不是一个独立的过程，对其研究的价值真正在于归因是上一次行为和下一次行为之间的重要环节，具体地说，对上一次行为原因的解释将对下一次行为产生重要的影响。而且人对上一次成就的归因将会影响到他对下一次成就的期望、情绪和努力程度等。最后，还是要强调公安工作的特点在于合作，而合作是一种可以通过个人努力改变的工作环境。

9

还要等待吗

在网上经常能看到有群众感慨：你瞧瞧人家！欧美国家警察素质如何如何高！同时又经常听到警察同事们议论：你瞧瞧人家！欧美等地群众素质如何如何高！这种评论背后的潜台词显而易见，两个团体都在抱怨对方素质低！素质本身是一个相对敏感的词，我们可以公开称赞一个人、一群人、一类人素质高，但不能公开评论某某素质低。今天我们也不评价到底谁的素质低，只是基于一个假设——不管谁素质有多高，都有可以继续提升的空间。首先看看，当我们感慨一些素质高的现象时到底指的是什么。

警察眼中高素质群众是指坚决服从各种法律和规章制度，特别是一些临时性措施或管制的群众。比如临时性的交通管制或是一些特别限制，高素质群众会积极配合，反之则埋怨为自己带来的不便利，表现为观望、等待或根本就我行我素。即使措施和管制配合着处罚，但一旦违反人过多，在法不责众的文化作用下，常常只能以乱哄哄收场。群众眼中高素质的警察应该是彬彬有礼、温文尔雅的执法者形象，2008 年奥运火炬接力的安保即是一个很好的例子。如果我们把两个现象一综合，就发现这是一个循环指责的因果怪圈。警察认为，如果群众都积极配合，我何必着急上火得横眉竖眼；群众认为，如果警察都和眉善目，我怎会不积极响应？

这当然是一种僵局，但双方并不是不想打破，只是都在等待对方首先采取行动。即如果对方素质先行提升，自己当然不必再努力了（任何一种提升都是一个痛苦的过程）。既然这已经是一种双输的博弈局面，而且必须有一方要主动变化，在警言警，我身为一名警察还是认为警察应首先提升自身素质，而且这也是公安工作发展的同步要求。

深圳毗邻香港，全局各层都与香港警队交往甚密，我常听各级战友赞叹香港警察素质高。我们总结一下，由于法律体系不同，一些具体业务不好比较，但从工作态度上，我们可以明显感觉到香港警察在待人礼貌和工作认真两个方面表现出来的高素质。做到这两点很难吗？于是我们自然发现低素质产生的根源是自身的一种选择，因为我们选择了待人不礼貌，工作不认真。

不礼貌一词可能有些重，但如果回忆一下，我们有些人开着 O 牌车过收费站或出入停车场时对保安员的态度，保安员至少还算和警察做类似的工作，连他们都得不到必要的尊重，我们对普通群众更可想而知。就此现象，我认为其根本原因还是缺乏平等意识。近代社会发展出现了一系列新的价值理念如民主、自由、平等、博爱、法治等。我以为这些理念如果在中国文化中排序，排在第一位的应是平等。"不患寡而患不均"即是最好例证。这种对平等的渴望当然和中国几千年的等级文化是分不开的，我们不可能进一步分析渊源，但必须承认渴望平等的现状最直接原因是供需矛盾，即需求远远大于供给。从这个角度看，警察更应该率先以身作则了。所有国家的法律都主张人人平等，但真正的平等不是在纸上，而是在心中。表现在行动上是多说几句"请""谢谢"，多敬几个礼，少按几下喇叭。

要理解为什么我们有些人工作不认真可以先从一个故事开始。一个游客问一个印第安人："一顶草帽多少钱？""10 美元。""如果我一次买十顶草帽，一顶多少钱呢？"游客又问。"15 美元。"游客很吃惊地问："怎么会买得越多越贵呢？"印第安人回答："做一项草帽已经很烦了，你想想做十顶草帽，我要付出多少耐心！当然更贵了！"实际上这个小故事也映射出经济学的一个原理——当温饱解决后，耐心反而成为一种生产成本。今天的警察和故事中印第安人的处境很像，警察作为公务员的一类，工资一般旱涝保收。所以当警察发觉所做的每件事和收入没有太大联系时，必然视每次付出的热情、精力为无谓的成本，同时由于付出的成本没有收益，所以工作的热情和精力自然呈边际递减状态。而热情和精力都是耐心的保证、认真的体现。我们越是解释了为什么不认真，反而越引起一个问题——香港警察也是稳定的工资制度，为什么人家做到了呢？

我们可以继续解释什么体制不同，历史原因，逐步完善，等等，总之如果在努力工作和找借口之间选择，我们有些人更倾向于把精力花费在找借口之上。同时，好像我们有些人已经很甘愿做小学生了。记得一位旅居德国多年的朋友告诉我，中国人特别喜欢赞赏德国人做事如何如何认真，德国人每每很诧异：难道做事不该这样吗？

2011 年 8 月，第 26 届世界大学生运动会在深圳举行，深圳利用这次机遇向世界展示了一个年轻的都市。在警言警，当深圳向世界展示热情、文明的时候，深圳警队也面临了前所未有的安保压力，我们的警队准备好了吗？我们警队现有的素质状况是否和高速发展的城市相匹配？从群众反馈的结果来看很不错，我们没有等待群众去提升素质，而是主动提升了自己的素质。

⑩ 厚道从警之容人之短

是否记得我们上学时，班上总有一两个学习特别好的同学，但不受大家喜欢；工作中也有些成绩突出、能力出众的同事，但群众关系总是搞不好。这实际上就是因为他们不懂得容人之短，容人之短的含义有两个：一是做人不要刻薄，二是工作不能越位。

刻薄不是一种具体行为，而是一种态度，这种态度往往自己又感觉不到，在不经意间流露，但会深深刺在对方心里。在人际交往中，一般没人会有意地得罪人，即使是工作中真正的争吵，上级对下级的批评，只要是本着对事不对人原则也不会太得罪人。反而平时的一句话，一个表情可能更伤人心。比如，我们很谦虚地请教某某尖子生一道数学题，他先来一句：这么简单的题你都不会做！即使他之后花了许多时间讲解解题思路，我们心里会感谢吗？工作中也总有些同志开口就是自己的工作如何苦如何累，刚刚又办了什么大案，好像本部门工作都由他一人完成，甚至有时再嘲笑一下别人如何如何不行，所以他的人际关系也可想而知。这些刻薄的例子并不只是少数人的问题，实际上我们每个人都会不小心流露出刻薄、轻蔑的表情，毕竟我们每个人都有机会在某个领域，或者某个时刻会比其他人优秀。但遗憾的是，我们总敏感于别人的刻薄，而注意不到自己的轻蔑。这是因为刻薄纯粹是无意表露出的，其根源还是起源于心理的优越感。骄傲是我们认为某人的表现超过了其实际成绩或能力，但刻薄是我们认可其能力，只是不希望失去平等的被认同感。对于骄傲我们还会嘲讽一下，但对刻薄我们只有疏远，这也是为什么有些能力强、成绩大的同事反而工作环境不好的一个原因。

至于如何克服刻薄之心，在操作中确实有难度，毕竟有的人太敏感，有的人又太"神经大条"，所以我们很难掌握好讲话或行为的尺度。但研究发现，表情和语言对人的刺激最大，而又最容易被我们忽视，表情也是伴随着语言，所以讲话时如何避免刻薄还是有些规律可循的。语言中真正刺激人的往往是一些字词，诸如"连、又、总、也、还、你们"之类。概而言之：和领导讲话尽量不要用"还"字，比如你对领导说："明天的活动我们都请了谁、谁、谁，'还'请了您。"或者领导问："我刚才讲话如何？"我们回答："还行。"完了！因为"还"字给人一种很勉强的感觉。和女同志讲话不要用"也"字，比如对女同志讲："你'也'很年轻，你'也'很漂亮。"完了！"也"是有一个大前提的意思，即前面还有一个人年轻、漂亮。和下级讲话不要用"总"字，因为"总"是全盘、所有的意思。比如你对下级说："你怎么'总'迟到！"下级此刻感觉是你认为他天天迟到，于是他马上脑子里浮现出没有迟到的日子。所以你本意是加强语气，引起他注意，可适得其反，下级只会认为你偏听偏信，主观粗暴。本来他多次迟到应该感觉羞愧，但他此时只感觉到了委屈，受到误解。还有一个慎用词是"你们"，因为这个词往往代表立场、阵线的问题。我做刑警中队长时曾要求队员：在派出所处理案件时，千万不要说我来帮"你们"处理案件来了之类的话，因为刑警破案是天经地义的事，立案单位不同是体制问题，"你们"一词大有划分界限之势，容易定位不准，也会招人烦。同样道理，我做派出所所长时要求民警到社区、工厂，千万不要说我帮

"你们"搞治安。虽然社会治安要齐心协力、综合治理，但公安机关还是主责单位，一句"你们"只能让人感到在推卸责任，伤人心。

容人之短的第二个含义是工作不能越位。中国有句古话：喜不过生父，悲不过孝子。就是如果参加人家的生子酒宴，高兴程度不能超过孩子的亲爹，参加人家丧事，悲痛程度不能超过死者的亲儿子。试想如果比生父还兴奋，比孝子还悲伤，那必然置生父和孝子于非常尴尬的境地。工作也是如此，如果处于配合、配角的位置千万要定位准确，特别是在向上级汇报工作、公开发布意见等敏感场合，配合就是配合，如果有更好的思路或意见也要在非公众场合下表达，这样才能使主角避免尴尬，而又不影响工作。

容人之短表面上看都是在照顾别人的情感，但根本上还是给自己营造一个轻松、和谐的工作环境，公安工作的特殊性就是在于和人打交道，包括群众和自己的众多同事、战友，孤胆铁警的形象不过是影视作品中的噱头罢了。

11

警察的职业承诺

职业承诺是指个人维持现有职业的原因，是个人对所从事职业的一种内隐的心理契约，是对自己职业的认同程度。所以我们说警察职业承诺是警察对他所从事职业的心理归属感，努力工作的义务感，以及继续保持警察身份的意愿。

曾有专人对我们一些警察做过有关职业承诺情况的问卷调查，结果很不乐观。根据职业承诺的三维理论，我们把警察的职业承诺对应分为三方面：情感承诺、规范承诺和继续承诺。情感承诺是指个人对从事公安工作的强烈愿望，规范承诺是指个人从事公安工作的义务感，继续承诺是指个人对离开公安工作的代价的认知。问卷显示在三个维度中，被测警察在情感承诺方面维度明显偏低，规范承诺接近理论中值，而继续承诺维度比较高。

从这个问卷中可推断，情感承诺明显偏低说明警察个体对工作缺乏由衷的热爱，所以在具体工作中表现出的热情肯定不高。规范承诺中等反映警察在工作中至少没有强烈的义务感，所以责任心也只能是中等水平。而继续承诺维度高只能说明警察个体发觉离职的代价很高，所以或是骑驴找马，或是继续待在警队只为经济利益因素。问卷用三句话概括了警队的现状，即个体警察普遍工作热情不高，责任心一般，多数人只为钱混日子。如此严峻的现实摆在警队各级管理者面前，所以提升警察的职业承诺已经成了刻不容缓的一项任务。

在提升警察的职业承诺工作中，情感承诺在警察职业承诺中的比重提高是关键，情感承诺与警察的工作绩效和面对困难的态度以及对工作的执行力等问题直接关联。同时，情感承诺也是继续承诺的重要组成部分和基础。那为什么警察个体的情感承诺偏低？这主要还是从警动机的问题。从警动机可以分为三类：一是寻求挑战，二是追求隐性权力，三是普通就业。所谓寻求挑战是指从小好奇心强，对侦探小说入迷，将与犯罪分子斗智斗勇视为挑战，并想通过惩恶扬善表达正义感。此类警察多出于各类公安院校，他们的情感动机一般来说明显高于其他警察。追求隐性权力是指在社会以往氛围影响下，或是从小的经历中感到社会的公平度不够，而警察职业的权力很大，所以从警有掌握权力不被人欺负的潜意识。普通就业是指迫于就业的压力，警察的社会待遇有保障等因素而选择警察职业。

从警三类动机中的后两类都是情感承诺偏低的主要原因。由于近几十年社会的发展，公民权利保障系统不断完善，警察权力明显受到了越来越多的监督和制约。警察权力被限制致使对个体警察的能力要求越来越高，而且警察个体时时受到来自各方的监督压力。所以如果是因为社会隐性权力而参警之士，必然对公安工作越来越没有热情。同时面对社会转型，公安系统内部也在调整工作性质，使公安的服务职能不断增加，所以一线警察的业务量与日俱增。相比其他公务员系统，只是抱着普通就业观加入公安队伍的警察当然心理越来越不平衡，对工作当然也就没有热情。

针对参警动机造成部分警察的情感承诺偏低，我们必须重新重视公安队伍建设中的传统教育问题。不管是追求隐性权力，还是迫于就业压力，实际上都是没有把握住公安工作最本质的性质，而且是把个人利益夹杂在警察的社会属性中。警察的根本性质就是代表正义，惩恶扬善。这并不是一句空话，而是警察存在的最初意义，后来由于社会管理层对警察专政职能的强化才衍生出一些问题。从社会化分工的角度讲，任何职业无所谓崇高，任何从业者也无所谓高尚，但不同职业引起的社会效果确实有所不同。所以警察本身无所谓神圣，但在和平年代，警察从事着打击犯罪的高风险工作，而且在庞大的社会管理中承担的角色多、任务重，确实应被视为新时代最可爱的人。

增强警队组织的凝聚力也有利于提升警察职业承诺。多年的政治教育和警察特殊的工作性质，使个体警察对组织有着特殊的情感和理解，并且对组织的一举一动也最为敏感。而且研究表明，警察获得可觉察的组织支持越多，其职业承诺的水平越高。所以组织支持与情感承诺、规范承诺直接正相关。警察的职业承诺中有相当部分实际上是对自己所在组织的承诺，也就是我们平时所说的团队精神。根据同理心的原理，必须首先显示组织对警察个体的承诺，才能得到警察对组织的承诺兑现。因此，公安机关只有通过一系列关爱民警的具体措施，才能使警察感到组织实实在在的支持，组织的凝聚力也才会在警察的职业承诺中得到加强，民警与组织联系从而互动加强，民警对组织有了归属感，组织自然提升其使命感，这也正是职业承诺的具体表现。

试想如果警察个体不能从内心认同自己的职业、热爱自己的职业，又怎么可能产生职业荣誉感和自豪感？在此思想的指导下，工作绩效也自然可想而知。

12
警惕"托盘"现象

"托盘"现象源于我在公安队伍二十几年的观察，主要用来比喻公安系统中，部分中层管理者处理队伍内上下级关系的一个方法。

所谓"托盘"现象，即中层总把高层的要求像放在"托盘"上一样，原盘往基层端，然后试图向基层解释，这些要求不是自己的初衷，只是执行命令而已；同时把基层反映的问题整盘向高层端，试图向高层表明，问题都是民警提的，我的压力很大，执行还是有很大阻力；等等。更有甚者还有往"托盘"中加料，在高层要求的"托盘"中加入自己的要求，美其名曰借势；在基层反映问题的"托盘"中加入自己的利益，谓为民意。

于是我们可以发现，有的中层常常忙得眼花缭乱、一塌糊涂，但实际上在做着跑堂上菜，或收盘子倒菜的工作。有的同志可能会反问："那又怎么样！这些跑堂的服务员也很辛苦的，而且能说不重要吗？哪家餐馆少得了他们！"但如果我们改成自助餐呢？马上就不需要他们了。

由此可见，跑堂的服务员本身产生不了太大价值，即使起到了一些运输、服务的作用，也是极其容易被代替的。

既然"托盘"的工作方式有问题，那么我们中层应采取何种工作方法呢？我认为一名好的中层干部，至少要具备解码能力和担当能力。

何谓解码能力？解码是指如何把上级的决策意图或理念，翻译成最基础最容易理解和接受的话。比如解放战争时期，林彪在东北主持军政事务，在一次给基层做报告中，对《论持久战》他解释道，什么是持久战，持久战就是老子死了，儿子接着干！由此可见，毛主席军事思想再先进，也需要中层将领把它解码为全体战士都能理解执行的战术。

有的同志可能会认为，解放战争时期，我国国民素质很低，战士中连能写自己名字的也不多见，所以当时解码很有必要，但现在警察的素质都很高了，基本上都是大专以上学历，完全有能力理解各项决策和领导意图。

这种观点有一定道理，但事实上没这么简单。我们对问题的认识并不只取决于自身知识水平，更主要的是来源于我们所处的位置和成长经历。为什么我们经常讲"屁股指挥脑袋"，这就是位置决定思维立场，我们如果把它归纳为管理中的一个基本原理，是大有用途的。为什么心理学中弗洛伊德学派百年不衰，很重要的一个原因就在于它发现了一个人的成长经历对那个人的人生影响。明白这两点，我们就会发现，目前警队依然需要解码者。

如果说七十年前中层解码的任务，是把道理翻译成基层能听得懂的话，那么，今天中层解码的任务，则是把道理翻译成基层能听得进去的话。比如，中层领导开大会落实高层决策时，中层领导最爱讲此问题高层领导如何如何重视，如何如何强调，他们希望以此引起基层民警重视，其实这反而毫无意义。高层的重视可以引起中层的紧张，但对基层没有太大作用，因为基层民警知道高层一般管不到他们的发展，此时如果中层领导特别强调自己如何看重此事，结果可就不一样了，因为民警清楚他们的考核权掌握在中层领导手中。

何谓担当能力？实际上我要表述的就是责任能力，但这几年，"责任"在日常管理中似乎有演变为"洪水猛兽"的趋势。有些中层领导上半句提到"责任"，下半句马上是"我们可担不起"，或者"把责任分解到基层"，或者"我们联合某某部门共同负责好一点"之类的话。也就是说，"责任"引起的条件反射都是"推"，很少有人愿意"担"。

所以"托盘高手"的指导思想永远是协调不操作，责任总是下移，矛盾总是上交；工作来了做闪客，问题来了做看客；当面批下属不力，背后评领导无能；等等。于是我们不禁要问：已经在公安系统管理中不断强化责任制，为什么一些"托盘高手"还有生存空间呢？为什么这个问题依然长期顽强地存在着？

我们平时所说的责任，基本可以分为两个层次：一是这项工作该由谁做？二是完成不了谁来受罚？实际上两个层次可以进一步合并为一个，因为回答了第一个问题，第二个自然有答案了。接着我们要问：为什么基层的扯皮现象明显比机关少？这是因为基层工作往往以地域来划分，而机关工作往往以事项划分。以地域划分工作一目了然，而以事项划分容易出现盘根错节的情况。这正是责任缺失的重要原因之一。

研究发现，以往公安管理中的责任制，常常通过细化岗位来实现，最初有一定效果，但后来副作用不断显现，代价是机构不断膨胀。我认为，细化虽有利于开展某专项工作，但随着社会日新月异的发展，新的工作层出不穷。工作内容越是细化，新任务牵扯的部门越多，所以扯皮、推诿现象自然形成。由此可见，细化岗位并不是落实责任的最好出路，而责任实质是每个人职业素质的重要组成部分，即具体责任的内容可能是具体工作岗位确定的，但担当责任的意识却是个人职业道德的范畴。

　　"托盘"现象极不利于公安事业的发展，但有些中层领导可能还在对"上托下端"的技能暗自得意。对此，我想问的是，这个技能真是不可替代吗？不会被发现的吗？望"托盘"诸君深思之。

13

同情心到同理心

"你想人家怎样待你，你也要怎样待人。"这句话出自《圣经·新约》，这也是被现代社会公认的用于人际交往中的黄金法则，心理学称此思维方法为同理心。对于同情心的概念我们并不陌生，是指对他人处境的一种情感认同和表露，总的来说，表现在情感层面，是一种能与他人感情起共鸣的能力。而同理心是指在人际交往过程中，能够体会他人的情绪和想法，理解他人的立场和感受，并站在他人的角度思考和处理问题的能力，如果用《圣经·新约》中的黄金法则解释就是换位思考。

富有同情心既是中华民族的传统美德，又是家庭和学校经常教育的内容，所以我们都不缺乏。但同理心作为一种与人交往的思维方法，实际上更是一种做人的智慧，遗憾的是我们对同理心的概念普遍比较陌生。而且更为糟糕的是，在人际交往中，我们反而经常用同情心的思维方法做事。

同情心与同理心不但概念不同，而且思维方法的逻辑也不同。同情心是一种由己到人的主动式思维，而同理心是由人到己的被动式思维。同情心是同情对方的不幸遭遇，自己马上提供力所能及的帮助，至于对方是否需要帮助，或是帮助的内容对方是否需要都不重要；而同理心首先考虑如果处在那个环境，我最需要什么？然后根据这种需要提供相应帮助。虽然换位思考的结果不一定准确，但也已经是极大的进步，至少我们开始在需求中加入了环境的客观因素，而不再是单凭一己之愿。所以为什么我们身边有些人经常好心办坏事呢？其实就是用同情心的思维方式去做该用同理心去做的事。

同理心思维的最大作用是颠覆了我们以往仅凭目的和动机去考量一个人行为的结果的认知，即如果动机好、目的对，即使行为结果事与愿违，也能得到一定的理解和支持。为什么现代社会，动机和目的变得不那么重要了呢？这是因为在现代社会中，一旦物质极大丰富以后，人与人之间交往或帮助是否善意已不那么重要，反而了解对方的需求才至关重要。因为当物质匮乏时，每个人的需求大致相同，但物质足够多时，每个人个性化的需求才逐步显现。试想当每个人都饿肚子时，只要有人请吃饭就一定皆大欢喜；但当每个人都吃饱了而且还一肚子油水时，请吃饭一定要考虑对方的口味喜好，不然很可能花了不少钱，对方反而敷敷衍衍，倒像是帮了请客的人一个忙。所以同理心思维使我们在为人处世中事半功倍，反之更可能是适得其反。

此道理我们似乎都懂，但在实际生活中的应用又如何呢？我们还是以公安队伍为例。我发现有很多青年民警都想得到自己领导的重视，受到领导的关注，但用同理心逻辑稍加思考，我们就发现没有几个青年人会想到先去关注领导。公安行政体系中，对下级最有意义的关注往往来自跨级别的领导。但跨级别的领导领导几十人、数百人，甚至更多。在如此庞大的组织中，是下级有条件关注上级，还是上级有可能关注下级？如果没有形成同理心思维方法，我们可能还在埋怨领导高高在上、不能深入基层。试想如果我们先对领导的工作思路充满兴趣，对领导的工作成绩给予充分肯定，那同理心的思维方法同样会在领导心中发挥作用。

公安机关的社会职能越来越强调服务，但服务作为一项工作时同样需要同理心思维。环看多少行业以服务之名向群众收费，而公安机关真正做到了基本不收费，但群众还是经常满腹埋怨。这就是我们有关部门在服务问题上根本不管群众需要什么，而只是按照自己能提供什么服务或是只想当然地推断群众的需求。窗口单位经常搞搞礼貌用语、微笑服务之类的活动，但有作用吗？因为现在群众办事没有把服务态度问题作为第一考量，群众最关心的是时间问题，最怕办一件事跑多次，甚至多次白跑。而我们的窗口部门有几个人在想办法使群众办事少用时间？有几个人在对业务流程进行改造，为群众提供一站式服务？虽然群众在窗口可能会更多投诉态度问题，但这更多的是忍无可忍，又不知道在具体业务方面如何改进，所以才会对态度问题比较敏感。

公安队伍中的各级领导在日常管理中同理心思维又如何呢？领导层缺乏同理心最常表现在激励队伍方面。领导最经常用的激励手段是到一线慰问执勤民警，暑天送水，寒天送暖。但一线民警最需要的是这些吗？如果领导慰问的队伍大一些，照相机多一些，民警反而反感，不知自己是主角还是道具。其实一线民警可能觉得苦点儿累点儿不算什么，可能更需要的是休息时间得到保证，不要班正常上，还经常被莫名其妙地叫回去加班，休假也经常被琐事打乱。

所以同理心思维适用在公安工作的方方面面、角角落落，而且既然是人际交往的黄金法则，可想其作用之广、之大。希望每个警察都能用心体会，使群众满意不应是我们能做到的，而是群众需要我们做到的。

14

角色心理学在警察实践中的应用

我们经常听到有老警察感慨道：当了一辈子警察，朋友也都得罪光了。或者听到警官说：我也不想批评或处理谁，只是他太过分了！由此我们可以发现，警队中很多同志都存在着或多或少的心理冲突，而且此冲突多产生于不同身份之间的定位困惑，对此心理学中角色理论有个较好的解释。

角色一词当然是戏剧名词，二十世纪二三十年代，美国芝加哥学派将其引入社会心理学。角色理论认为人生本是一个大舞台，每个人只是在扮演着不同的角色，穿梭于不同角色之间。其特点是按照人们所处的社会地位与身份，研究和解释个体的行为及其规律。以一个警察为例，警察只是他扮演的其中一个角色，在是警察的同时，他可能还是儿子、丈夫、父亲、领导、下级、朋友、同学、消费者等诸多角色。

我们听着社会心理学中的角色理论觉得比较简单，好像只是一种比喻而已。但其实质是在对我们的中国传统思维方法提出挑战。我们的传统思想认为做人应一以贯之，即通过对人自身的修炼去完美地适应生活中的各个角色。孔子掌权时曾经免于处置在战场上退却的士兵，原因是他们家中有需要照顾的老母。所以在孔子的理解中，儿子和战士两个角色并没有什么区别。由此，如果把中国社会关系也比喻为大舞台的话，我们更推崇每个角色都贴近自身，即个人形成一个完美人格后去塑造任何角色。换句话说，我国的文化认为一个人应表里如一、一以贯之地出现在各种社会角色之中。在我国的传统中，如果个人分解身份去适应角色反而为传统所不齿。比如，我们形容一个人"见人说人话，见鬼说鬼话"一般是带着贬义。但如果用角色理论来解释，正反映此人对不同的角色把握得好，而且常识告诉我们，如果见人说鬼话或见鬼说人话，对方怎么听得懂呢？正是我们对每个工作角色内容标准的忽视，强化个人的一贯化风格，才导致了行政体系中的一个现象，不管岗位多么同一，每个人在岗位上都能表现出鲜明的个性特征。所以不管是任务也好，工作也好，往往不是由某个岗位去完成，而是由某个人完成，这自然对应产生因人成事、因人废事。也正好解释了为什么管理中我们热衷于琢磨人，为什么我们总是强调执行的秘诀在于用对人！

因为不同文化的产生有不同的背景，所以我们无法评判文化的优与劣，但必须承认在社会化大分工不断精细的当代，角色理论更可以帮助我们解决很多的社会心理冲突。

角色理论如果深入研究可能比较复杂，但实际上在应用方面可以起到两个作用：给我们提供了一种思路，提供了一种解决方法。再以警察为例，当我们内心产生冲突时往往是基于角色混同的原因。为什么警察得罪人会令人困惑，因为我们想寻求警察—职业角色和朋友—生活角色的统一。当我们不忍心批评同志时，实际上是忘了在职场中，我们要做社会角色要做的事，而不是我们自身爱做的事。为什么战场上战士要明知危险而一往无前？为什么要杀死无仇无恨的敌人？这都是士兵的角色要求，而不是他们生活角色的愿望。有了角色心理学的思维方法，我们可以很轻松地从角色挣扎中解脱出来。警察执法并非出于个人好恶，而是职业需要。同时领导批评下属也并不是心血来潮，而是这个职位必须要做的。

角色理论在公安实践中第二个应用是可以促进日常管理的效率。我们可以先从近几十年来警队管理模式的发展中略见一斑。最早警队管理和其他机构模式一样，都是热衷于典型引路，总喜欢先树立一个高大全的典型人物，让各层级、各部门都能对照学习。而且管理高层有着一个潜在希望，如果所有人都能认真学习、参照模仿，那所有人不都能和典型人物一样了吗？天下自然大治了！实际上当然不可能，于是有识之士开始反思为什么这种方式不成功，发现是因为高大全的形象本身充满着拼凑性，缺乏真实感。所以第二代典型形象往往有血有肉了，而典型往往又是如何舍小家顾大家，如何舍健康顾工作。从角色理论看，都是以个别角色缺失来强化个别角色。这种对职业角色和社会角色的一体化追求有着一定的历史背景。因为中国共产党政权的确立正是无数先辈将生活和事业完美地融合在一起，夜以继日努力的结果。而且新中国成立后的伟大成就也是由许多劳动模范带领大家取得的。这种将信念、工作、兴趣完美结合在一起的生活方式在部分人身上确实可以实现，但如果要推广到所有人自然不大可能。

随着社会发展，我们开始发现典型的形象引路作用越来越淡化，而且我们逐步意识到，不管何种工作，最重要的要求是公私分明，这虽然是一小步，却是管理思想上的一大步，因为至少我们已经开始在同一个人身上划分公与私的两个大角色。后来的职业规范、岗位职责等管理措施，实际上都是逐步丰富规范每个工作角色的具体内容，其作用正是渐渐淡化每个岗位的工作者的个性特征。如果公安管理系统中的每个岗位都能实现角色式的标准化，管理系统自然平顺，从而沟通成本进一步降

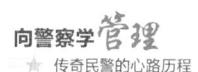

低。因为如果我们都能按各自岗位的角色要求工作，自然减少了班子、队伍磨合的时间，上下级之间也不用再过多猜忌、琢磨。

15

以新的战术理念解读囚徒困境

囚徒困境是 1950 年塔克教授从博弈论中建立起的静态信息模型，通过两个囚徒的处境来反映许多问题在自身发展中存在的矛盾。后来被社会心理学、经济学等各种领域大量引用从而出现许多变化模型，我将引用其中一种变化模型。假设两个共同作案的案犯被分别关押在两个地方等待审判，他们将面临以下几种情况：a. 如果甲乙都不交代罪行，他们将因证据不足而被释放；b. 如果甲交代罪行，乙不交代，甲可能被判三年，乙可能被判十年（坦白从宽，抗拒从严）；c. 如果甲不交代罪行，乙交代罪行，甲可能被判十年，乙可能被判三年；d. 如果甲乙都交代罪行，他们可能各被判五年。面对四种选择，甲乙的情况是同样的。正因为他们没法知道对方的选择，才存在着囚徒困境。

如果我们分析，就会发现这种困境存在于囚徒的思考角度中。因为每个囚徒都会从个体理性出发，即个人利益最大化，就是说想被释放，反而陷入可能被判十年的矛盾之中。生活中这种追求个人利益最大化和群体利益的冲突不胜枚举。同样，此困境也存在于我们此次赴海地维和防暴队之中。

在传统的思维模式中，我们总是认为战斗中自身安全是最重要的。因为我们经常被教育首先要保护自己，才能和犯罪行为作斗争。此次维和防暴队最大的特点是所有任务都将由大大小小的团队集体完成，即使在团队中，每个人的安全同样也是重要的。可是如果在团队中，每个人一味追求个人利益最大化，必然会出现以上提到的囚徒困境。举个不恰当的例子，在执行任务中，如果每个人都争着往后站，那我们的队伍还没到目的地，就一个接一个退回营房了！

正是针对这种困境，本次防暴队提出了全新的战术理念。在团队作业中，我们追求的第一目标是队友安全。如果我们每个队员都以队友安全为行动中的第一要务，表面上每个人自身的安全降到了第二位，但同时得到了更多队友的更多保护，也使我们的队员对"人人为我，我为人人"这一最通俗的哲理，有了最贴近生活的应用。

同样的逻辑我们自然也可以用来解读囚徒博弈。如果每个囚徒都以对方的利益为优先考虑，设想甲囚徒不交代，乙的利益肯定是最大化的（乙最多可能被判三年或被释放）。同时如果甲乙都以对方利益最大化为目标，结果就会出现双赢的局面——共同被释放。可是，生活中我们有谁会以别人利益最大化为目标呢？

当然，囚徒博弈出现过多种解法，其中最著名的要数纳什教授的非合作均衡利益理论。但不管哪种解法，都无法摆脱个人利益优先的基本假设。现实中，这种最基本的假设也确实最广泛地存在。试想如果囚徒能有以对方利益优先来考虑的思想境界，又怎么会成囚徒呢？

但是，难做到不等于不能做到。防暴队战术理念不只是停留在口号上，更重要的是我们已将之贯穿于整个教育、训练中。训练提供了足够的技能素质的支持，而教育更是强大的思想保证。因为囚徒最大的困惑是彼此无法全身心地信任对方。没有信任作为基础，说实话，追求队友利益最大化也只能停留在理想模型中，没有实际意义。这种信任又是基于共产党员先进性的思想境界和过硬的战术技能之上。可以说再好的装备也比不上保持共产党员先进性的思想之盾，再优的武器也比不上战友间的信任之矛。

解读囚徒困境绝对不是目的，重要的是每个维和防暴队员能理解和运用全新的战术理念去实现"不负重托，不辱使命"的派遣目标。

16

责任中的契约精神

契约精神是一种自由、平等、守信的精神。故签订契约基本上可以分为两个步骤：一是双方或多方在签署契约时是否自由、平等，二是对已经签署的契约不管后期如何变化，都应坚持守信。第二点实际上也是对责任的一种诠释，责任不单是敢于担当的勇气，更是信守承诺的精神。为此我们还要进一步解释诚信与承诺的不同，诚信可以简单理解为说到做到，而承诺是说到后要长时间做到。所以当我们为某些人缺乏诚信而感叹时，承诺自然更无从谈起。缺乏诚信可能有利益、道德、制度等诸多因素，但对不能坚守承诺的现象除上述因素外，还有一个致命误区，即我们没有真正理解自由的含义。

自由并不是想干什么就干什么，那到底什么是自由？我以为自由实质是选择的自由，即你可以自由选择生活方式，在自由意志下做自己想做的事，但不要妨碍别人。这是其中一半对自由的理解，自由还有另一半含义，即每个人要承担选择之后的代价。此点通俗讲就是认赌要服输，但我们遗憾地看到，正是我们缺乏对自由后一半的了解，所以生活中太多人好赌而不服输。很多人在做决定选择生活道路时并没有认清后半程的责任，在挫折面前总认为生活可以重来，以为生活好像下棋，走错了还可以悔棋。我们只要排查一些老的信访案件，就能发现其中不少是当事人当年自由选择的结果，只是随着时间流逝，利益格局的变化，当事人现在突然醒悟，好像当年上当受骗，于是不顾一切地要回到从前。或者是有些问题当时已解决，只是当事人今天再权衡后又后悔了。面对这些现象，我们只能说不少人缺乏对责任的全面理解，并不懂得在责任中遵守契约的精神。

在警言警，在公安队伍中，我们所有警察都理解责任中的契约精神吗？很遗憾，我听过不少警察朋友在发牢骚时的唏嘘感叹，其中有不少对目前境遇的不满是由于当年的个人选择而造成的。我们不是不能发牢骚，只是牢骚背后折射出许多关于价值观的心理问题。如果仅是情绪型的牢骚发发也就罢了，但如果是认识错位而形成了归责于外的价值观，那对个人成长和组织文化都是极为不利的。试想有多少人在为调来深圳工作而抱怨，有多少人因为选择了非领导职务而懊悔，又多少人为既往错失某个机会而纠结，但这一切都是出于当年我们自己的决定。如果对责任中的契约精神理解不够，必然认为自己为了公安工作失去太多，这种心理失衡会使自己放弃查找自身问题，那个人的成长空间也可想而知。更可怕的是如果此类人在组织中多起来，形成气候，那整体组织文化都将呈现出以指责、埋怨为主导的归责于外的文化氛围，对组织发展的危害也就无需赘述了。

以前我总觉得生活中可供选择的东西太少，故每每到十字路口时，我感到更多的是一种痛苦。后来我才理解并非如此，当生活中需要抉择时，实际上是对生活的严肃态度，明白了选择背后的代价，这才符合责任中的契约精神。

面对契约精神的问题，我们也可能会问，宿命论或者说认天命算不算契约精神？当然不算！我指的契约精神是说在自由意志选择之后的信守承诺，并不是鼓励大家逆来顺受、听天由命。抗争命运本身就是一种对生活方式的选择，但抗争的结果自己一定要平静地面对。"舍得一身剐，敢把皇帝拉下马"看起来是中国文化中正面宣扬的牺牲精神，但其实质是一种鼓励敢于负责的责任意识。但如果只敢把皇帝拉下马，却又舍不得一身剐，那就是革命中的叛徒逻辑。每每我们鄙视蒲志高、王连举时，是否意识到实际上生活中这种人并不少，而且就在身边，只是没有那么反动罢了。

第二篇

PASSAGE 2

烹小鲜

17

第五伦探病

记得学生时代曾读到过关于第五伦的故事，第五伦是东汉光武帝时期一个很正直的大臣。一次他的上级领导的儿子在他家居住时突然生病，第五伦晚上起床六七次前去探望。但当他自己儿子生病时，他却没有半夜起床探病。因此有人说第五伦很会奉承上级。第五伦对此也没做过多解释，只是说，虽然半夜数次看望领导生病的儿子，但我每次回来就睡着了。虽然没去看望自己的儿子，但我整夜没有睡着。

此故事很简单，但在管理方面有很大的借鉴意义，它给我们的启示是，究竟什么是责任心？通过这个故事，我把责任心归结为两种表现形式：一是表现于外的事必躬亲，二是表现于内的内心纠结。

通过事必躬亲表现责任心实际就是如何对责任心量化的问题。责任心之所以在管理中被频频提及，是因为此问题确实很重要，又很难解决，而最难之处正是无法量化。量化本身是一个很重要的管理思想，通过定量的方式对管理目标细化。但责任心似乎特别具有思想方面的价值观性质，所以很难量化，于是有人认为不管什么样的价值观最终还应表现在行动方面，这也就有了通过事必躬亲表现责任心的由来。正如故事中第五伦的表现，如果一个人晚上六七次起床去探病，就可以被评价为有责任心的管理者。

故事中的第五伦看望领导孩子虽然一夜有六七次，但回来睡得很安稳。可是即使没有探望他自己生病的孩子，一夜却不能合眼。通过第五伦的这种讲述，我们马上又发现了一个问题，即他在自己孩子身上表现出的惴惴不安更给我们一种责任心强的感觉，这是通过管理者内心的纠结来体现责任心。内心纠结的责任心固然可敬，但是可取吗？

内心纠结的责任心一定是出于一种情感，情感卷入其中是人之常情，但在具体的管理行为中，情感投入是值得称颂的吗？对此，我们所受的传统教育一边倒，因为从工作伊始，我们就接受各种敬业爱岗教育，干一行爱一行的理念根植我们心中。于是我们对工作表现出越强烈的情感，就越被推崇，这就自然形成了内心纠结的责任观。个人情感对工作投入在任何组织文化中都被鼓励，毕竟有了情感才能对严格要求、超时工作、低报酬待遇等相对不敏感。但在情感职业教育之余，我们不禁要问：这种对工作投入情感的教育有副作用吗？

首先，工作责任心如果一味靠情感维系，管理风险会很高，因为毕竟不是每个人都会对工作产生感情，而且感情教育对施教一方的水平要求很高，特别是在价值观日益开放、日益丰富的现代社会，使人对枯燥的工作产生感情已经成为一项越来越艰难的事情。如果情感的职业教育失败，被教育者或感觉上当，或感觉吃亏，就会对本职工作产生一种极强的厌恶感，工作积极性会受到极大冲击。所以从此角度而言，对责任心的量化反而更加实用、可靠。

其次，把责任心理解为情感性的纠结其实忽略了一个至关重要的要素，即实用的必要性。故事中的第五伦每次探病后回来睡得很安稳，我们可能会因此质疑第五伦的责任心。但如果我们站在实用的必要性角度看，就发现晚上六七次的探望远比整夜纠结有意义得多。纠结看似责任心强，其实只是无意义的焦虑。以第五伦为例，整夜地辗转反侧，情感确实付出了很多，但对儿子的病情有帮助吗？或是能够了解儿子病情的发展吗？相反虽然回来睡得很香，但至少在探病过程中对领导孩子的病情能掌握第一手情况，如果突然加重也能及时采取措施。此例更是告诉我们纠结其实作秀的成分更多，责任心量化之后的行动也许情感的成分少了许多，但实用的意义大了很多。

此文的核心意义正是要提醒那些推崇情感式的纠结，认为这才是有责任心的最好体现的领导，不要只是整日担心将要发生什么，而是要关注自己现在到底能做什么。同时，要尽快找到方法量化自己和下级的责任心。工作中的情感可以有，但更为有效果的举措在于行动，哪怕是形式上的行动也比内心的焦虑有意义得多。

18

"德"与"才"

　　"德"与"才"在我国选人、用人的机制中似乎是永恒的辩题，在选人以"德"为先还是以"才"为先不休的争论中，我们实际上忽略了一个重要前提，即检验"德"与"才"的标准是什么？到底我们拿什么来检验一个人的"德"与"才"？其中，"才"还比较简单，我们这么多的考试实际上都是在检验"才"，虽然不是绝对准确，但是至少有个相对客观的标准。但"德"可就不一样了！直到现在，中外都没有人能找到大家公认的检验"德"的客观标准。对此我们先回顾一下中国历史上出现的人才选拔制度。

　　秦始皇统一中国后，意味着一种人才选拔机制的终结。秦之前的人才选拔主要以贵族养门客的方式出现，这种方式当然有其局限性，比如选拔方式不透明，没有统一标准，等等。但由于春秋战国时期的混乱局面，致使各诸侯国无时无刻不生活在危机中，而正是这种危机保证了贵族养门客的人才选拔方式没有变味儿，而且也确实选出了人才，最典型的是战国四公子及其门客。但秦以后，特别是到了汉，大一统的格局形成后，外部的危机大大减少，加之汉代的"七国之乱"后，贵族势力受到打击，所以人才选拔方式的问题直接暴露出来。雄才大略的汉武帝即位后推出了"举孝廉"的人才选拔方法。即每二十万户推举一个既有才又尊孝道的后备干部出来。请注意，这是我国官员选拔史中典型的以德才兼备的评价标准来选拔人才。标准的意义在于可以操作，由于武帝同志对"才"没有提出测量标准，对"德"反而指出了操作方法，尊孝道即为"德"好。我认为，正是对"德"提出了荒唐标准，所以《二十四孝》中汉代的故事居然有七个，加上三国、晋代的故事则超过了一半。这种风气在王莽篡位时达到极致，王莽当时绝对是忠孝楷模、道德先锋。如果当时有感动汉朝的评选，王莽肯定满票当选。

不敢说这种选才机制导致两汉灭亡，但至少有一定因素。而且东汉末年曹操的成功更提供了反证。因为曹操第一个提出了"唯才是举"的主张，提出即使是"不仁不孝"之人，只要是"高才异质"，只要有"治国用兵之术"，就要起用他们来治理国家，来带兵打仗。于是很快形成"猛将如云，谋臣如雨"的局面。然而好景不长，很快曹丕时代就确立了"九品中正制"的官员选拔制度。表面上是对"唯才是举"的用人机制固化，实际上是为了缓解政府与世族的矛盾。因为"唯才是举"的措施屏蔽了大家族直接做高官的可能。正是这种妥协最终形成"上品无寒门，下品无士族"的局面，"九品中正制"使得中国社会进入了"门阀制"时代。

"门阀制"，顾名思义是由大家族垄断地方与中央官职。我国历史无数次证明，当湮没在普通百姓中的人才没有晋升渠道时，社会极易发生动乱。隋朝建立后，隋炀帝极其富有创造性地推行了"科举制"。我认为我国古代帝王社会影响最被低估的就是隋炀帝杨广，因为他的制度设计影响了中国一千多年，直至今日仍在产生影响。科举制实际上还是"唯才是举"占主导，而且更重要的是给"才"为先找到了比较公平的操作方法。当"德"与"才"不能兼备时，对于"才"为先还是"德"

为先的问题，操作者肯定选择最方便操作的，或者操作起来最显示公平的。因为孔子曾曰："有国有家者，不患寡而患不均，不患贫而患不安。"这句话最能反映中国人的普遍价值观。把文章作为考试内容，而且直接与做官联系是一个既便于操作又公开透明的人才选拔方法。对此主要作弊的方法是泄露考题或是考试时冒名顶替，这两种方法相对于用以孝评德的方式作弊难得多。当然科举制也重视把孝作为检验"德"的手段，但"才"无疑成了门槛。所以从风险角度讲，科举制可能选出有"才"而无"德"之人，如陈世美之流，但不会选出无"德"又无"才"之人。也正因科举制总可以把民间最优秀的人才选拔到利益集团中来，所以中国的帝王社会结构稳定了上千年。而且每每朝代更替时，主要推手之一都有科举腐败的身影，致使民间人才不能进入官僚体系，从而加速王朝的覆灭。

综上所述，我有个大胆的推测，中国古代科举制的产生就是"德"与"才"选拔标准斗争的结果。其实，在人才选拔过程中，"德"为先还是"才"为先实际上是个伪命题！因为我们找不到检验"德"的标准。

如果找不到"德"的评价标准，那么号称以"德"为先来操作的结果会如何呢？

首先，第一个现象是公德转化为私德。如果把忠诚作为德的一种表现，公德当然指忠诚于国家或者是事业，但私德则表现为忠诚于个人。

其次，"德"成为打击异己、任人唯亲的冠冕堂皇的借口。如果"德"的好坏由个人的主观评价，那么对他人德行做出评价的评价者的德行又拿什么来评价呢？"九品中正制"时代至少评价者还是名门望族出身，普遍比普通百姓受教育好些，概率上讲素质可能会高些。即便如

此，依然腐败横行。今天如果继续以个别人的主观评价为基础，不知以

后会如何？

19

火车跑得快，全靠车头带吗

　　我曾在百度上搜索"火车跑得快，全靠车头带"的谚语，马上在0.0074秒的时间内出现2210000条信息，内容有挺多是介绍某某部门或单位的先进事迹，特别是其中的领导班子或一把手起到的突出作用。在我们公安系统内部自然也是如此。一句谚语有如此之高的引用频率，我们不禁会从此现象普遍和此谚语精准两个方面来发出感慨。可是我们又自然联想到：火车头再有力量，它能带多少节车厢呢？或者是即使再强有力的车头如果带着太多节车厢，它又能跑多快呢？

　　当然会有同志认为我们深入研究一个谚语实在没有什么意义，但问题是在现实生活中，火车的动力形式已经改变。随着科技发展，当火车进入动车组时代后，其动力观念已经被颠覆了。因为动车组的高速来源于每节车厢都有制动装置，即以前火车头单纯的拉动模式已改变为车头带动、各车厢助动的模式。我提出这种科技进步带来的真实变化是想提示一个问题——是否我们要相应审视一下"全靠车头带"的管理模式了呢？如果今天车厢们还在认为火车跑只是车头的工作，同时车头也认为只要自身如何加力即可维持火车跑得快，那么此种模型组成的团队和动车组模型组成的团队比赛，究竟谁会"跑得快"呢？

　　我们首先分析一下，"火车头拉动"的动力模型缺陷在何处？主要是责任缺失。因为我们的目的是"跑得快"，所以火车的任务自然是前进，而前进的动力问题由"火车头"一个就已经解决了，那车厢当然没有前进的责任了。于是形成了公安基层管理中的普遍现象，一方面一把手——"火车头"心力交瘁，同时表现好的"车厢们"也只是推一推、动一动，差一些的自然是雷打不动了。所以公安基层在"跑得快"比赛中胜出的往往是两种类型：一是"火车头"力气特别大，二是车厢配置好。第一种结局经常是"火车头"被提拔重用，"新的车头"可就拉不快了，所以许多先进单位总是"先不过两代"。第二种是指车厢少或者新，因为车厢中如果有一两节"锈死了"，那么"车头"的力气再大也没用，这也是每年分配时新警比较抢手的原因之一。

责任缺失所引起的最直接管理代价是机构僵化和效率低下。我们以普法战争为例，1870年前后的法国和普鲁士在经济实力、人口和武器装备等方面差距不大，法国在很多方面还略有优势。但法国的军事思想和部队组织还停留在拿破仑时代，即"火车跑得快，全靠车头带"的思维模式和行为方式。而普鲁士军队经过老毛奇元帅的改造已进入崭新的阶段。老毛奇首先提前预见到铁路在未来战争中集结部队的重要作用而大力发展铁路，同时更重要的是普鲁士最早实现以总参谋部制定整体作战方案的形式取代拿破仑时代指挥官"拍脑门"的"火车头"决策方式。并且普鲁士一线指挥官又享有充分的临机处置权，法国皇帝拿破仑三世却还沉浸在先祖的辉煌中，忘了世间已无拿破仑！所以这场"动车组"与"火车头"的竞赛结果毫无悬念。同样的例子也发生在我国解放战争中，蒋介石的专机不停地穿梭在辽沈、平津、淮海战场上，每每临战乱指挥，搞得前线指挥官无所适从。相反毛泽东并没有专机，他的"火车头"位置也没有动摇，而四大野战军又能充分自主。我们往往认为解放战争中国民党方面将帅皆无能，实际不尽然，国民党还是有一批相当优秀的将领，如白崇禧、王耀武、陈明仁、胡琏等。但如果各节车厢没有自主制动功能，再优秀也会被火车头带到沟里去！

以上的例子只是揭示了"火车跑得快，全靠车头带"的管理模式中由于责任缺失而引起的效率低下一方面的问题，但实际上此种模式还有另一大隐忧——英雄情结。试想一下，如果你是火车头，当你发现你在拉动、率领着若干节车厢前进，即使车厢不崇拜你，你也要情不自禁地自我崇拜！有不少企业家从早忙到晚，又是指导生产，又是指导销售，不但跑银行贷款，还有应酬关系，晚上回家后筋疲力尽，但同时自恋感油然而生：我太伟大了！类似现象在公安队伍管理中没有吗？当然有，只是政府体制层级明显，很多自恋情结被压抑了。我曾经做过一年多派出所所长，当时真是开会、破案、调解、处理群体性事件、打伏击全上，逢人就抱怨自己如何如何忙，如何如何累，但同时内心又压抑不住地升起一种自我崇拜之情，当时真正明白了为什么"千穿万穿马屁不穿"！只要你在火车头的位置就难以对马屁有抵抗力！英雄情结也好，自我崇拜也好，如果只停留在自我感觉的领域本无可厚非，但在管理中可就不同了，因为火车头的位置是需要决策的。试想一下，"火车头"天天在"火车跑得快，全靠车头带"的赞誉下必然感觉轻飘飘的，决策的准确性自然可想而知。一意孤行、利令智昏都不是一蹴而就的，回想一下在改革大潮中倒下的高级别干部，最初往往是先拔头筹的弄潮儿。而同时每年不断有财富榜的前几名淡出视线，实际上他们相当多数都是拜倒在自己的"火车跑得快，全靠车头带"的英雄情结之下！

以上，通过分析"火车跑得快，全靠车头带"的管理思维，我指出了其责任缺失而效率低和决策风险高的两个隐患，实质上还是要提出管理中的结构问题，好的管理架构是用能人，而不是靠能人。用能人很好理解，类似于有制动能力的车厢。但靠能人就等于把鸡蛋放到一个篮子里的"火车头拉动"模式，能人选对了也只是短期性拉动工作有所改观，但能人以后制造的问题可能比他解决的问题还要多！而且如果选的能人并不能的话，整列车也就完了。

20

基层领导的重要隐忧

在中国行政体制中，基层领导往往处于极为重要的角色，我们经常可以在各种文件中看到"对基层领导要'高看一眼，厚爱三分'"之类的话，姑且不论是否能做到，但至少在形式上充分说明基层领导的重要性。基层领导的重要性正是来自独当一面的工作特点，我此文也正是要对此现象提出深深的隐忧。

我所认为的隐忧正是基层领导的注意力碎片化。注意力作为心理学名词是指人专注于某事，聚焦思考某一问题，集中精神的一种能力。注意力本应是在一个问题上长时间持续关注、思考的过程，而碎片化使人的注意力难以集中、聚焦，最终注意力变成了诸多像碎片一样的小问题的堆积。首先我们必须承认这种注意力碎片化是社会发展的必然，碎片化最早起源于多元化的时代大背景。在纷繁的文化现象中，我们的注意力已经不可能只专注于某种文化，或是长时间关注某现象。虽然多元化的文化现象会容易使人浮躁，但相比单调、枯燥的一元文化总是一个进步。而在行政管理中，注意力碎片化就喜忧参半了。因为如果碎片化不是很严重，我们还可以说碎片化有助于提升管理效率，毕竟领导者多关注几个问题，势必有助于推动这些问题迅速解决。但随着碎片不断细化，碎片越来越小，其副作用也同时显现。碎片越小意味着注意力专注于个别问题的时间越短，而且同一个人所要关注的问题也就越多，这显然会使领导者的精力极度分散，于是只能是疲于应付眼前事，没有足够的时间思考、调研一类问题，所以领导者在工作中只能呈现出天天不停地忙前忙后，对各种小问题左推右挡的状态。而且此局面周而复始地出现，最后这种异态变为常态被领导者从心里接受下来，反而更没有时间，也不会花时间来解决注意力碎片化的问题。

在行政体系中，由于基层一线的工作性质意味着处理问题要快，而其具体的工作内容决定着面对的问题很多、很杂，这些客观上都造成了基层领导在注意力碎片化问题上尤为突出。而且当基层领导每天处理、解决这么多问题之后必然自觉不自觉地产生自我陶醉，当沉浸在对自我能力如何满意之中时，又有哪个基层领导会反思自己注意力是否碎片化的问题呢？

注意力碎片化既是一种管理现象，又是一个管理问题。此问题的危害在于容易使基层领导在处理问题方面盲目地陷入经验主义。试想由于思维碎片化了，不能集中精力深度思考问题的成因，而且也没有时间学习他人的经验和新的理论方法，所以基层领导自然把自己过去处理问题的经验作为标准法则。不排除有些经验可以重复使用，但在知识更新如此之快的今天，我们所看到的失败者又有哪个不是当年叱咤风云的成功者呢！所以我特别建议基层领导者要认识到注意力碎片化是一个问题，而解决方案还是要提升管理水平。我们很多领导在管理上都有一个误区，即认为关注的问题越多越负责。实际上管理的高效是要在管理中尽量去除人为因素，我们以制造业为例，机械化大生产之所以高效率，是因为用尽可能多的机器自动化代替人工。不少管理者认为机械化思维制造产品可以，但对人的管理不行。我承认其中确有差别，但管理原理相通，对人管理的机械化就是制度化，管理者要为自己设置问题筛选机制，通过减少关注的问题，才能适当扩大自己注意力碎片的面积，对重要问题才能更专注，只有真的解决某类问题，才能使工作量减下来。对管理者而言，不是越忙越负责，不是越累越尽心，而是用更多的制度使问题从出现到解决形成自发回路，所以管理者不是不能轻松。

21

从御驾亲征到领导挂帅

　　御驾亲征，顾名思义是指帝王时代皇帝亲自率领队伍去征战，翻译成现代语言就是领导充分重视。既然御驾亲征在中国历史上历朝历代都出现过，说明它有着一定的积极作用，但也并非屡试不爽，如从刘玄德的夷陵之战到明英宗的"土木堡之变"等多个战例就充分说明御驾亲征也有着自身的特点和局限。今天皇帝已经不存在，但在现行的行政体系内，从领导挂帅的执行模式上，我们依然可以清晰地看到御驾亲征的影子。以下，我就对御驾亲征的具体特征进行利弊分析，希望对领导挂帅的行政模式有所借鉴。

　　首先，御驾亲征的主要意义在于资源优势。皇帝作为最高统治者享有生杀奖罚的绝对权力，所以御驾亲征必然能最大限度地调动全社会资源，而且因为封赏兑现得快，临战的将士也能被激发出最大的战争勇气。但御驾亲征同样也有着两个致命的弱点：一是外行领导内行，二是战略重点偏移。

　　皇帝在御驾亲征中自然是最高指挥官，将军必然要事事请示皇帝，如果皇帝再不知趣，做些决策，那外行领导内行的悲剧必然发生。所谓战略重点偏移是指，任何战争的首要目的都是战胜敌人，但由于皇帝随军作战，所以第一要务必然变成以保护皇帝为中心。试想在战争中占据绝对优势的战例并不多，当军队中的大量人力、物力都用来保护皇帝时，主攻的力量必然受到削弱，而且灵活、大胆的战术也不敢充分发挥。

现代行政体系中的领导挂帅在诸多方面都与御驾亲征有异曲同工之妙，特别是优点中的调度资源和奖惩兑现两方面。而关于缺点中的外行领导内行和战略重点偏移又如何呢？

外行领导内行实际上是全世界范围的普遍管理现象，试想领导意味着要管理多项工作或是多个部门，一个人再聪明、再能干也不可能对所有的工作都熟悉，所以外行领导内行是管理的必然。在实际工作中，管理的悲剧往往不是因为外行领导内行，而是由于外行指导内行而造成的。再以御驾亲征为例，如果是历朝历代有着丰富战争经验的开国皇帝，御驾亲征的胜算较大，但如果是以后几代在蜜罐里泡大的皇帝，好像没有几个获胜的例子。而且惨败的教训多数为皇帝本身指手画脚，或任用自己信任的外行乱指挥。以土木堡战役最为典型，当时明英宗御驾亲征和蒙古族的瓦剌部落作战，但大军的实际指挥竟是明英宗最信任的一个太监——王振，战争的结果自然可想而知。所以在我们今天的行政体系中，领导在亲自挂帅时一定要清楚自己是不是内行，不是也无所谓，关键有两点：一是不要自认为是内行而指指点点，二是要找到真正的内行，并充分信任。

在领导挂帅中，对于外行领导内行的问题，很多领导还是有所注意，但在战略重点偏移方面就经常被领导所忽略了。我发现每每有重大事件发生，领导挂帅处理时，基层往往把最好的资源用于汇报。原因也很简单，因为大领导很可能为了解情况而问各种问题，基层领导由于担心不能对答如流而留住很多最一线、最了解情况的人员一同陪领导或是准备汇报资料。而这些最了解情况的第一线人员又是处理事件所最需要的人手。这种现象实际上就是战略重点偏移，虽然领导挂帅的核心目的也是处理事件，但基层领导会不可避免地把战略本应的重点——处理事件转移到迎合上级领导这个方向。我们不能说这样做一定会影响事件的处置，但肯定是一种资源浪费。记得十几年前，我曾参与侦破一个数百万元的抢劫案，当时一线人员接案时已经发现了重要线索，但由于案件影响太大，指挥的领导级别也不断提升，最后是足足五个小时后，所有领导讲完话，专案会议才开完，才能有人去杳这条重要线索，结果也正是此线索促使全案突破。表面看没受影响，但存在着贻误战机的巨大风险。

以上，我以中国历史上的御驾亲征类比了今天行政体制中的领导挂帅，可能有些牵强，但总体上是想提醒我们体制中的各级领导。领导挂帅本身没有问题，如果能充分调动各种外界资源，激励士气，那当然是一件好事。但同时还要注意尽可能地减少外行领导内行和战略重点偏移的副作用。

制台的逻辑

　　《制台见洋人》是清末小说集《官场现形记》中的一篇文章，文章中把制台对洋人谄媚的态度刻画得淋漓尽致，但我们在阅读之余，是否考虑过制台的思维逻辑？我以为制台行为背后实际透露着一种管理思维，即话语权管理法。所谓话语权管理法，是指把行政资源向有话语权的阶层或是个人重点倾斜。

　　理解话语权管理法的前提是要区别行政管理与制造业的不同。我此文中的制造业可以广义拓展到粮食生产、产品制造等诸多方面，其特点是工作效果反馈可以完全市场化，即粮食有没有销路，商品质量如何，都可以通过市场经济反映出来。但行政管理的对象都是普通大众，其管理效果只能通过广大群众的意见反馈。而同时所有群众并不是都愿意反馈意见，或者是不可能所有意见都能同时表达，正是这种资源广泛、渠道稀缺的事实造成了独特的话语权现象。话语权是指行政管理对象中有意愿表达意见，并且其意见能够反馈到行政体系高层的表达权利。表达权本属于人人都有的普通权利，但由于渠道限制和一些人为干预因素，所以上升到话语权时就成为一种特权。话语权成为特权的同时也自然成为行政系统所青睐的对象，制台在文章中对洋人的表现就是一个例证。

　　上文通过对行政系统产品特殊性的分析，我们可以发现话语权管理实际上是任何行政系统都无法规避的一种管理现象，即古今中外的行政系统都要把行政资源向话语权阶层倾斜，但这些行政系统的优劣之分在于其社会结构中拥有话语权的阶层组成不同。根据社会发展的特点和不同时期，我把话语权阶层的组成分为三个阶段：身份制、能力制、代表制。

仅仅因为拥有某种身份而具有话语权的属于行政管理中的最原始阶段。《制台见洋人》中的洋人即是因为洋人的特殊身份而在清朝的行政体制中取得话语权，虽然此洋人是某国领事，但所有通报的人包括制台本人都不是因为领事身份而格外重视，洋人的身份已经足够了。制台接访后还特别修改了以前吃饭从不见客的铁规定，并一再强调："我吃着饭，不准你们来打岔，原说的是中国人。至于外国人，无论什么时候，就是半夜里我睡了觉，亦得喊醒了我，我决计不怪你们的……以后凡是洋人来拜，随到随请！记着！"如果我们因为制台谦卑的语调和行为而嘲笑其奴颜媚骨就是缺乏对行政系统的了解，其实制台的行为在今天的官场和商场中都存在，只是改了个名字叫执行力。但如果仅以洋人的身份而得到如此的行政资源倾斜才是管理中真正的悲剧，因为身份制的话语权会使行政资源造成极大的浪费。行政资源向话语权阶层倾斜，行政效率肯定可以大幅度提高，但其代价是有可能牺牲公平，而身份制得到的话语权必然不具有代表性。还是以文中洋人领事为例，此洋人来见制台只关心为什么制台会在其领馆附近杀人。身份制天然决定了只能由某一阶层的小部分人拥有话语权，它可能是血缘关系组成的贵族阶层，或是种族、种姓之类组成的特殊阶层，总之身份制的话语权注定只能使公共的行政资源为其利益小集团服务。

所谓能力制阶段意味着话语权突破了身份限制，而与个人的能力相结合。此阶段最大特点是掌握话语权的牛人都是自己拼搏的结果，实践生活中可以表现为报社记者、论坛版主、意见领袖之类。能力制相对身份制绝对是进步，能力制至少不会站在本阶层的利益小团体角度，能力制最大的进步是把话语权与自身努力结合在一起。试想如果是身份制，既然血统能决定话语权，谁还会额外努力呢？但能力制同样有其局限，因为自身能力而获得话语权的群体不可避免地会因为权力而自我膨胀，所以能力制最大的障碍是话语权拥有者把自身利益夹杂在话语表达之中。

代表制就是目前为止对话语权最好的应用。话语权本身即是对行政资源的调整，但只有话语权足够合理化才能对行政资源配置有促进作用。代表制不但打破了身份制的阶层局限，而且防止了能力制的个人权力滥用，代表制体现了话语权存在的最基本意义，即实施话语权人群只有代表最广大人民，行政资源的倾斜才能最大地发挥实际效用。

此文通过清朝一个制台的言行表现出行政资源在官僚系统中的定位，总体目的是对制台的崇洋媚外有个管理体制的解释，核心意义是告诉所有人：体制中行政官员有他们特殊的思维逻辑，解读的重要性永远超过对他们的嘲笑。

23

重耳流亡与基层经验

晋文公，名重耳（前697年或前671年至前628年），春秋前中期晋国国君。其最大特点是在做国君之前，被迫流亡列国，历时达十九年之久，而在晋国国君的位置上仅八年，就将晋国发展成为春秋时期第一强国，并开创了晋国长达一个多世纪的中原霸权时代。晋文公的成功原因有很多，肯定与其自身素质和几位贤臣的用心辅佐有着密切的关系，但我更对重耳成为国君前的十九年流亡经历感兴趣，故下文将从管理角度通过基层经验的理论来解读重耳的成功。

所谓基层经验是指在行政体制的最底层历练的经历，虽然重耳以王子的身份在列国游历了十九年，但并不是所有国家都把他当王子，其中既有在齐、秦、楚国的王子等级的待遇，也有在卫国对农夫叩头、在曹国被人围观洗澡的尴尬境遇。然而就是这种现实生活中的宠与辱丰富了重耳的基层经历，才有了八年而霸于诸侯的传奇。但有的同志还是要问：为什么基层经历在行政体系中如此重要？为理解此点，我要引入心理学中认知模式的概念，即人对事物的判断、推理、假设、结论等能力都是依托于其自身的成长经历而形成的。此概念重点在于揭示了成长环境对人造成了不可回避的影响，而且告诉我们任何人做出的任何理性判断、推理、假设等都不是信马由缰的凭空想象，而是根据其过往的生活、学习、工作等经历而来。

　　所以说，人的经历即是他判断事物的基本依据。如果缺乏基层经历又会如何呢？此时我要推出三个概念：本来是、应该是、希望是。"本来是"指事物不依靠条件而存在的原始面目，代表着现实。"应该是"指个人的单方面愿望。而"希望是"则是多数人的共同理想。对照此三个概念，我们就能理解，如果普通人没有基层（底层）生活的经历，就会不知道事物的本来面目，所以肯定会生活在"应该是"的个人愿望中。但"应该是"实际上是加工过的现实，即逻辑上都符合现实规律，可是实践中只有部分做到，或有条件才能做到。如果此时管理者没有对"本来是"的认识，就会误以为"应该是"所有人都能做到，这就是一种缺乏基层经验的管理脱节。如果进一步缺乏基层经验，把"希望是"等同于"本来是"，那管理悲剧自然要发生，即管理者声泪俱下地阐述理想，推广理想，但基层听众不知所云。

　　我此文推崇的是基层经验，但重耳十九年的游历只是一种基层经历。那经验与经历又是什么关系呢？在最基层工作的经历就是基层经验吗？这实际上也正是我们对基层经验认识的最大误区。经历与经验的本质不同在于：经历是指在基层岗位工作过一段时间，但经验是说自己对岗位上的经历总结提炼后形成的认识，整个过程就如毛主席所说的，是一次质的飞跃。所以基层经验重要性并不在于那份履历，关键还是有没有在基层的岗位上更多地理解群众的价值观，为今后工作的整体发展打下一个坚实的基础。由此可见，公安工作中基层经验并不在于在公安一线服务多长时间，而在于对公安实际工作的参与程度、投入程度，所以如果仅在一线工作，而不能积极参与，遇到工作能躲就躲、能推就推，那自然不能形成基层的认知模式，所以依然达不到行政体制中对个人基层经验的要求。所以说经历只是一种感性认识，而经验才是一种理性飞跃。

再回头审视重耳为什么八年而成大功？其个人能力绝对超群，辅佐的五大臣也绝对是人中龙凤，但还有一个重要的基本事实，即重耳回国任君主后，依然认为晋惠公时代招募州兵及开垦私田的做法有利于国家的发展，就将其保留。请注意其前任晋惠公是他的弟弟，但曾经为了保君主地位派人暗杀重耳。重耳能做到不计前嫌，不因人废事，而且在治国改革中，能虚心听取能臣的冒昧直谏，这大概就是丰富的基层经验给他的宝贵财富。

我此文以重耳的实际经历解读了基层经验在公安管理中的积极意义，虽是一家之言，但希望对公安工作有个借鉴。

当头与当官

当头与当官在我们很多旁观者的心目中是一回事，毕竟都是占住一个位，拥有一些权，领导一批人，都是说了算。但从领导者本人角度看，当头与当官实际上是截然不同的两种境界，我们从项羽和刘邦的争霸中可以品味出其中的一些奥妙。

项羽可以说是中国历史上作为失败者但得到最多尊重和惋惜的历史人物之一。他集勇、智、胆诸多品质于一身，一生几乎战无不胜，多次以少胜多、绝处逢生。他在垓下打了一次败仗，当然也是致命的一次。刘邦一生作战败多胜少，虽然作为最后的胜利者，也贵为皇帝，但在后世依然屡受非议。对于项羽与刘邦之间成败原因的分析自古不绝，当然也是各有道理，但我还是以为二人的差距恰恰在于做领导时采用了当头与当官两种不同的价值观。

项羽是本着当头的心态做领导，当头的价值观主要特点有两个：一是追求权威感，二是目光短浅。追求权威感的细节表现有处处要当大哥，希望下属的人格屈从超过服从命令，无法容忍下属有人能力超过自己，而且永远把个人的威严置于最重要的地位。我们周边的一些领导有此通病，喜好当头之人尤为如此。当头之人一定把个人的绝对领导看得比事情成败更为重要，他们无法接受不同意见，更别提反对意见。不管是工作中还是交朋友，他们都喜欢搞小圈子，喜欢和能力不如自己的人在一起，喜欢说一不二的当头感觉。项羽确实雄才大略，他并不是有意用不如自己的人才，但可能正是因为他太优秀，所以忽视了对范增、韩信、陈平等人才的重视。相比之下后世的曹操要好得多，虽然曹操本人也是绝世之才，但依然能对郭嘉、荀彧等人才才尽其用，所以不管历代对曹操评价如何，都没人说他是失败的英雄。反观今天的官场，真正有项羽之才的肯定没有几个，但热衷于当头的官员却比比皆是。为什么这么多有才之士都要加紧学习沟通技巧？因为沟通能力本身就是对人性弱点的迎合，有才之士如果不能迎合其领导之当头的兴致，那怀才不遇现象肯定成为普遍的必然。

整日沉浸在当头的喜悦之中，目空一切、舍我其谁的自恋情结不断加强，那么目光短浅的小格局肯定会随之而来。由于项羽自身的能力素质，其最终失败的原因并不主要来自追求权威感的弱点，相反目光短浅的小格局才是他的致命伤。"沐猴而冠"这个成语出自《史记·项羽本纪》，背景是项羽占领秦朝首都咸阳，烧杀抢掠后决定回老家楚国旧地建都，当时有识之士指出，咸阳地处关中，有险可守，土地肥沃，定都于此可成霸业。但项羽拒绝了并说出了心里的大实话："人富贵了，应归故乡，富贵不归故乡，好比'衣绣夜行'（穿着锦绣衣服在黑夜里走），谁看得见！"这种纯朴的小民情结被人讥讽为沐猴而冠，即项羽再成功也不过是个戴着帽子的猴子罢了。格局小的第二个证明是自居为西楚霸王而非皇帝，霸王虽是众王之首，但毕竟还是群王里的头儿，说明其骨子里还是追求成为一个小圈子中的头目罢了。

我们再看看刘邦的思维，首先刘邦追求权威感的行为不是很明显，特别在打天下时更能礼贤下士，对郦食其、张良、韩信、陈平等一系列能人都能充分信任、充分尊重，自己也是甘当"小学生"，有错就改。

鸿门宴之前，项伯前来报信，刘邦马上能以兄长之礼待之，并约为儿女亲家，正是这种以当官为价值观，以装孙子的行为方式弥补了其天生的能力缺欠。而格局大更是刘邦近乎唯一的优点，同样是楚国人，但刘邦不怕锦衣夜行，定都咸阳，并直接称帝，将功臣封为王、侯，一下子跳出了群臣的圈子和层级。只读楚汉战争总是奇怪，项羽怎么会失败？但看了刘邦称帝后的一系列举动就能理解刘邦非成功不可！

　　以上通过刘邦和项羽争霸的成败，我们理解了当头与当官两种价值观的不同。在成王败寇的帝王时代，当头与当官还只是个人奋斗中的价值取向，但今天在我们的行政体系中，当头与当官绝不是领导者的两种心态那么简单，因为今天的头儿与官都是人民大众赋予的权力，所以更多地要担负一种社会责任。既然领导行使权力中有着社会责任的因素，那么领导者就不能简单地根据个人心态在领导岗位上行事。如果以社会责任考量，领导者的价值观不管是当头还是当官，都要被极大地修正。但实事求是地讲，我们现在的领导不知能有多少人达到担负社会责任的高度，所以即使以当头与当官的个人态度从政，至少当官的心态对行政体制能多一点建设性。

25

对"三人砌墙"的误读

几乎所有领导在对下属进行励志教育时都要提及"三人砌墙"的故事。其大意是：有三个工人正在砌墙，一过路人问他们在干吗。第一个人回答："砌墙，你没看到吗！"第二个人说："我们在盖一幢高楼。"第三个人则说："我们正在建一座新城市（或是教堂）。"此故事本意是要反映态度决定命运的道理，故进一步杜撰出十年后，第一个人仍在砌墙，第二个人成了工程师，而第三个人，是前两个人的老板。故事极具倾向性地在鼓励我们要做第三个人，即把最平凡的小事当成一个伟大的事业来做，一定会有个光辉的前景。但我以为这才是对"三人砌墙"故事最大的误读。

明眼人一看便知，故事中的第一个人代表了绝大多数人的习惯思维——抱怨现实；第二个人代表了有些人对眼前工作勤勤恳恳的专业精神；而第三个人则代表了一种极为稀缺的、放眼未来的理想主义。三种心态从存在意义上讲是平等关系，那为什么所有讲述者都会极为倾向性地推崇第三种呢？很简单，对第三种人的管理成本最低。因为第三种人会因为理想而忽略现实，即对现实管理中出现的要求苛刻和待遇差敏感度低，所以管理者可以最容易实现利益最大化。也正是此原因推动着各种职业培训讲师都积极地站在老板的角度美化第三种人的理想主义。

我之所以认为此现象是对"三人砌墙"故事的误解，并不是否认理想主义的伟大意义，对人类进步起到最主要推动意义的人的确多属于理想主义者。但我以为职业教育本属于成人教育，而成人教育的首要原则应该是接受的意义大于改变。如果能改变成年人的思维，使其能够更符合职场的需要固然好，但成年人由于年龄偏大，有一定生活阅历，所以首先接受他们的思维现状比试图改变他们更为现实。试想仅通过几个小故事对理想主义者的成功扩展一下就能使所有人成为理想主义者的可能性近乎为零，只要回忆一下典型引路教育的失败足以证明。我们的社会管理者在推动公民素质进步或是宣传某种时代精神时只是热衷于采用找榜样、挖事迹、搞宣传、树典型等步骤，然后再通过报告会的形式使典型形象深入人心，从而感动周围人，激励普通人，掀起全民学习的热潮。此方式不能说不好，其功效也不能说没有，但至少收效越来越少。其中原因多样，但最主要还是理想主义者的典型人物的思维方法与普通人差异太大，所以即使其事迹完全真实，也只能是感动人、鼓舞人，这些方式都只能短期刺激人。时间一长，热度一减，马上一切如常。因为成年人都有着固化的思维模式，典型的事迹不足以形成理论体系，所以无法打破他们的固有思维。再回想为什么马克思主义传入中国激励了一代文化精英，从而取得了巨大成功？因为当时中国不但有着求变的大背景，更重要的是马克思主义的系统理论改变了大多数社会精英的思维模式，所以涌现出一大批肩负社会责任的理想主义者，才有着无数革命先烈抛头颅、洒热血、义无反顾。所以我特别要提醒各种从事成人教育的工作者，如果想改变成年人的心智模式，请检查自己的言论能否形成一定的理论体系。如果仅想通过几个感人小故事，或是玄而又玄的寓言，那只能是得到热烈而暂时的掌声，但事后依然大雪无痕。

我们已经回答了为什么改变成年人的思维如此之难，那为什么说接受其现状也很重要呢？这主要还是基于"三人砌墙"中的三种思维状态将永远存在、并立的事实。对现实抱怨者是会增加管理难度，但可以使管理者更关注管理中的现实问题，专业精神可以提高管理效率和技术革新，而理想主义更反映着管理中的战略发展。所以全民、全员的理想主义教育本身就不可能成功，即使有成功也是昙花一现，因为不可能所有人空着肚子为理想大干快干一辈子。从以前的革命成功到当前某些企业的迅猛发展，我们都可以看到理想主义者及其群体急速成功的例子，但接下来呢？如果管理者依然生活在理想之中，无视物质条件需要改变的现实，那原本的集体理想马上会变为管理者的个人理想，此时的纯理想主义反而成为国家或企业发展的障碍。所以真正的管理者要承认三种思维并存的大现实，多一些理想主义者对事业发展固然重要，但专业精神对事业、企业的稳固发展一样起到积极的作用。同时抱怨者固然会减缓整体的前进脚步，但忽视或一味批评其存在也不现实，而且还可能会使具体管理措施与实际情况脱节。接受某种现象不代表支持或鼓励其存在，而是一种面对事实的包容。改变是一种以理想和激情来推动能力发展的良药，但接受同样是一种以现实和理性为基础的智慧。

26

牢骚的背后

　　牢骚一直是公安管理中，特别是基层领导经常要面对的问题。牢骚的特点是情绪性地反映问题，但又不是完全没有道理，可领导又解决不了这些问题。所以下级的牢骚经常把领导带到非常尴尬的境地，领导不认同吧，又找不到更高的理论解释，简单粗暴地回绝又怕伤了基层同志的心；领导认同吧，又解决不了问题，跟着一起发牢骚又没有领导的样子。

　　牢骚如果按种类分，大概有抱怨型、发泄型、感慨型、渴望型、追忆型等。如果按目的分，可能有反映问题的，随便说说的，过过嘴瘾的，等待解决的，寻求认同的，等等。但这些分类法都不足以帮助我们解决牢骚的问题。对此，我认为要认真分析牢骚背后的背景，因为牢骚的背景代表了发牢骚人所处的阶段。比如"现在越管越严，工作简直没法干了！""这也不能用，那也是摄像机，我们怎么审讯！""我们都这把年纪了，谁还有心思学电脑什么的！""政府哪个部门待遇不比公安好？能调走谁不调走！"等，这些牢骚表面看毫无套路可循，实际上很有规律特点。下面我介绍一种方法，我们可以简单地称之为层次引导法。即把牢骚划分为环境、行为、能力、愿景、价值观五个层次，根据发牢骚人所处的层次逐级启发化解。

　　第一个牢骚是"现在越管越严，工作简直没法干了！"，这时，发牢骚人显然在抱怨执法环境，即他所处的环境，此时我们要在环境的上一层行为领域加以引导。"执法大环境如此，我们谁都无力改变，但与其坐着抱怨，我们是否想过在行动上做些什么呢？"抱怨环境的人最大特点是知道无力改变环境，但又不肯被环境改变，所以表现出怨天尤人。如果启发他们主动调整自己的行为，顺应环境，新行为一旦养成新习惯，牢骚自然少了。

第二个牢骚是"这也不能用，那也是摄像机，我们怎么审讯！"发这种牢骚的人确实想干好工作，只是觉得自己的行为受到限制，所以处于抱怨行为无助阶段。对此，我们要在行为之上的能力层级来启发。"大环境有所改变，一些旧的工作方法都要改，工作方法如果改不了，是不是我们缺乏相应的能力呢？"以审讯为例，它好像是一项普通的警务工作，但实际上需要很强的能力，如果能全方位地学习审讯背后的各种知识，如心理学、行为学、语义分析等学科，我们的审讯能力就可以全面得到提升，自然会减少对行为限制的抱怨。

第三个牢骚是"我们都这把年纪了，谁还有心思学电脑什么的！"这种人正在感慨自己年纪大，学不了新知识、新技能。这种牢骚处于能力的层次，是在抱怨能力不足。我们此刻就要从能力的上一级——愿景层次鼓励。"学不了计算机其实不是年龄大了，主要还是没有看到学习计算机后有什么好处。工作方面先不说，自己至少可以在网上多认识些人，多找人聊一聊，朋友圈子也可以扩大些；不想认识人，打打游戏也好嘛；游戏不想玩，购购物也是很方便的；再不济，看看新闻也比别人早知道消息嘛；最后还可以和孩子有个交流，电脑技术虽然不如孩子，但是至少不会太被他们忽悠了吧。"所以当我们感慨自己能力不足时，往往是没有充分设想一旦具备此能力后，生活会带来的巨大变化。

当我们有了愿景时，对所缺乏能力的渴望随之被唤醒，牢骚当然也随风飘散。

第四个牢骚是"政府哪个部门待遇不比公安好？能调走谁不调走！"这个牢骚比较可怕，因为它已经达到了愿景的层次，即发牢骚的人对警察职业没有了愿景，连公安工作都不想干了。这时我们还有价值观层次这个法宝，"毕竟当警察之初我们就都已经知道此项工作很辛苦，而且也没有人参警是冲着待遇来的。当年我们入警宣誓时，哪个不是怀着除暴安良、为民服务的崇高理想？在和平年代，警察职业是最能直接体现忠诚、正义价值观的岗位，加班、辛苦不正说明我们正在践行着无私、奉献的誓言吗？如果我们自己都放弃对公安工作的信仰，别人又怎么可能瞧得起警察呢？"价值观既是愿景的一种升华，也是我们坚守愿景的原动力。价值观理应内化到我们每一个细微的警务工作中，但必要时对核心价值观的重温也确实能重燃起我们内心深处神圣的责任感。

当然，有人会问如果某警察的价值观已经动摇，对忠诚、正义毫无概念，心中有的只是利益，牢骚已经发到了价值观的层次，这时怎么办？我以为这似乎已经超出了思想工作所能达到的范畴，那已经到了党纪国法的范围，而且很可能只是时间的问题。

27

面子陋习

　　"面子"一词在中国文化中应用太广，包括"挣面子""丢面子""有面子""要面子""给面子""留面子""充面子"等。我们讲的"面子"是指一个人在社会交往中的整体符号，包括一个人的自尊心和虚荣心，是一个人自我定位和社会外界定位的综合产物。林语堂先生对此著有专文，我此文也想就中国面子文化中衍生出的陋习做些探讨。

　　首先，当我们把"面子"和自我联系得过于紧密时，很容易把自我排在工作前面。比如，由于我们的工作方式、管理方式都越来越趋于开放，同事间围绕工作或一些社会问题展开的争论越来越多，这本身是一个好现象，正所谓真理越辩越明。但如果我们不考虑游戏规则，盲目加入自我，害怕辩论输了"丢面子"，就会致使本来的拳击比赛改为打野架，争论变为争吵！本来是个同事间沟通的好机会，结果成了合作的大障碍。试想一下，当我们以旁观者身份参加到一个争论中，特别是到了后期，大家往往在辩论谁是对的，甚至自说自话，根本不管对方在说什么，忘了辩论的主题是什么，最后只能演变为比谁嗓门高。因为我们此刻忘了重要的是什么是对的，而不是谁是对的！类似的例子还有许多，当被领导批评时，我们往往先不去反思自己正确与否，而是先感觉"没面子"，自尊心受伤害，然后总结出领导只是盯住我，总和我过不去的结论。殊不知领导绝大多数情况下只关注谁在破坏制度，如何维护团体秩序，根本没有精力和个体较劲。

其次，"面子文化"中的虚荣心使我们热衷于打破制度。中国文化中自古就有些人习惯于把打破制度作为"有面子"的重要标志之一。例如，都要排队时，谁能不排队；都要走路进入某地，谁能坐车进；违法接受处罚时，谁能不被罚；诸如此类都被视为有面子。所以中国制度中总有特例，而且每个人永远追求特例。因为特例所代表的身份价值远远超过其经济价值。

为了更好地解释此现象，我们要从理解中国文化开始，中国经历了太长的封建等级社会，而且"刑不上大夫，礼不下庶人"的观念贯穿始终。加之我国古代法律多是以强化义务为主。所以我们传统中一直认为能够凌驾于法律、制度之上是至高无上的标志。今天，在我们公民社会还不是很成熟的大气候下，"面子"作为一种虚荣自然热衷于和特权结合。这也就形成了我们对特殊待遇的渴望和"面子"文化的崇拜。当然任何制度都难免有特例，但理性制度的特例往往是针对老人、妇女、儿童或残疾人等弱势群体，而不是因为权力而获得特权，毕竟禁不住推敲。对于此现象，我们说中国特色也好，文化糟粕也好，总之是存在的现实。所以摆在我们面前的问题是，作为一名警察能否身体力行地少破坏一些制度。

记得我在派出所担任所长时，有一次和辖区民警到某工厂拜访，当时门卫要登记，也不知辖区民警是觉得自己"丢面子"，还是怕我"没面子"，马上开始训斥门卫，意思是我经常来，你还不认识吗？这是我们所长不用登记之类。我马上劝他这种面子咱不要，要服从人家管理。今天我们能因为自己是警察打破登记制度，明天他就能以保安身份打破厂规，最后厂里搞乱了，还得派出所来收拾。而且身为警察，是一个执法者，最应该身体力行地遵守法律和制度，当然警察也是社会一分子，也在各种社交网之内，做到毫无特例确实也很难。但至少我们可以做到别那么心安理得！比如开 O 牌车出停车场时朝保安笑笑，过收费站时别拼命按喇叭！

再次，"面子"文化另一个陋习是浪费资源。比如请吃饭时，请的人不关心吃的人爱吃什么，只关注排场，简化为一个字——贵！因为这是一种博弈，请客一方要寻求最佳优势，排场有了（花钱多），吃请一方满意最好，即使不满意，吃请一方依然"有面子"，因为够排场，同时请客一方依然留有"面子"，因为付出多；如果场面寒酸了，吃请方即使吃得开心，可能还会觉得不够被重视，要是吃得再不舒心，麻烦可就大了，请客反而招来了副作用。这现象正好解释为什么高档餐馆越来越多，越来越豪华，因为它们本质上不是吃饭用的，是"给面子""有面子"等"面子"文化的衍生物。

综上所述，"面子"文化实际上就是社会当时流行的标准，而有的人会努力去迎合。但流行的社会标准并不全都正确，迎合不正确的部分便演变为陋习。究竟什么样的"面子"是陋习呢？我以为很好判定，只要我们扪心自问：这事能不能拿到互联网上？感觉不能的都属陋习。

能力误区

"能力"一词在行政系统内经常被提及，但问题是我们是否关注过到底什么是能力？我们隐约觉得能力不是素质，因为素质可以通过学历、证书等客观标准证明；能力不是水平，水平可以在讲话、汇报等时候表现；能力不是经验，经验至少是从事某工作时间上的积累；能力不是智慧，智慧可以在创新、解决问题等多方面体现；能力也不是知识，知识至少能被书、材料等文字形式固化。当然，能力可能包括上述因素，但还是需要一个系统的解释。

我们的行政体制又是如何理解能力的呢？首先我们把能力解释为一种机制。即如果在某方面连续出现问题而不得不解决时，体制内人解决问题的第一反应常常是建立某种机制，然后就是成立一个专门部门。所以当我们感慨行政体系越来越膨胀的同时，新部门又与日俱增，而且新部门往往制造出的问题比能解决的问题还要多。所以行政机构改革也不停地出现"合久必分，分久必合"的反复状态。

此现象的核心原因还是我们不愿意承认某类问题从出现到泛滥是因为有关部门的领导和工作人员的能力不够，而不是什么信息不畅、部门扯皮、职责不清等所谓机制的问题。这当然有内部"官官相护"的问题，毕竟承认能力不够会得罪一个体系的人，而机制问题没有输家，并且成立了一个新部门还能再安排一批干部。所以能力最核心的特点是不可复制性，即能力只在某人身上，如果换了人马上一切归零。能力最需要的不是模仿，而是被承认与尊重。但我们不少领导没有意识到此问题，听说某地在某方面做得好，一定要派人去考察学习，回来后照搬一套，结果毫无效果。其根本错误就在于对能力不够尊重，认为只要全力模仿就能成功。所以在这种思想指导下，本部门有能力之人的工作积极性会受到打击，因为他们得不到必要的尊重。

除了用机制问题代替能力问题之外，我们第二个错误理解是把能力等同于级别。即针对某问题，我们往往认为用某级别或是高级别的人或部门就能使问题迎刃而解。高级别的人或部门只是意味着可以调动更多资源，但实际上很多问题的解决需要的是某种能力，而高级别的人或部门不一定具备这种能力，所以我们这种把能力视为级别的思维方法有问题。

在行政体系内，我们对能力的第三个误区是，把能力看成是一种经历。即在为岗位配备人员时，我们往往关注候选人有没有在类似岗位工作的经历，潜意识认为只要干过此项工作就一定具备此工作所要求的能力。

为什么我一定要强调能力的定义呢？因为能力已经成为中国行政体系内选人、用人的重要因素。回顾改革开放以来，我国行政体系内用人标准基本上可以划分为两个阶段：学历时代和能力时代。学历时代最为典型的是二十世纪八十年代初期邓小平同志提出的领导干部"四化"的要求，即年轻化、知识化、革命化、专业化。其中的革命化明显有着时代烙印，不便于操作，但其他"三化"在操作上实际都通过学历来体现，这也是为什么八十年代有一大批大学毕业的年轻人走上领导岗位。随着大学毕业生的逐年增多，加之前期以学历为标准选拔干部的一些不良反馈，自然有声音问：高分低能在生活中比比皆是，所以学历能代表能力吗？于是选人、用人的标准进入了能力时代。客观地讲，能力时代的初期，不少领导本着公心确实用了不少能力强的同志，但能力为先的用人机制有个先天缺陷，即对能力定义不清，或没有客观评价标准。所以能力很容易转变为长官意志，即说你有能力你就有能力，说你没能力你就没能力。一旦外界对长官意志监督不够，那能力马上会成为长官任人唯亲、打压异己的有力武器。从某种意义上讲，买官、卖官最终操作层面上都是以能力强为合法外衣。

说了这么多，那么能力到底是什么呢？我以为能力就是指顺利成功完成某一活动所必需的主观条件。能力直接影响活动效率，是活动顺利完成的个性心理特征。能力总是和人完成活动相联系。离开了具体活动，既不能表现人的能力，也不能发展人的能力。简而言之，能力和办事紧紧相连。这实际上告诉我们能力是一种过去时，而不是将来时，即能力意味着你做过什么！而不是你以后能做什么！如果我们还认为口若悬河地描述未来前景，或掷地有声地拍胸保证是一种能力的话，那只能说忽悠也是才华的一种。

判断力中的非理性判断

关于判断力在社会发展新形势中的重要性，我们上文已经涉及，我总结发现根据判断力特点，可以把判断力大致分为理性层面和非理性层面，而此文我们重点讨论其中的非理性层面。在判断力的非理性层面中，我们又可以划分为两个层次：一是情绪层次，二是情感层次。

情绪层次是指个人完全依据自己当下的情绪做出判断或决策，也可以说就是个人喜怒无常的即时情绪，类似于孩童式的突发奇想。情绪最大特点就是当事人当下的心情，可能会因为突发的某事顺心而高兴，也可能因为不顺心而愤怒，或者是根本无原因可循。对此我们可以比喻为在商场买东西，理论上讲，我们买东西应该权衡、比较，根据商品的外观、使用价值、价格等诸多因素做出决定。但在即时情绪指引下，我们可能会莫名其妙地买下一个完全用不着的、只是目前觉得想买的商品。由此我们也可以得出即时情绪下判断的几个特点：非理性和能力支持。所谓非理性不用再进一步解释，而能力支持是指人的能力越大，即时情绪下的判断会越频繁，相反能力越小，即时情绪判断越少。这就好比越有钱越会花钱大手大脚，而越没钱越会精打细算。所以这种即时情绪判断的例子我们最容易从古代帝王身上看到，因为当他们感觉到自己无所不能时，越发会随心所欲。所以我们可以发现即时情绪判断往往与个人权力和他人的容忍程度成正比，只有权力足够大或是能充分得到父母、男友宠爱的小宝宝和小女生才能阶段性地随心所欲，但结果一定是殊途同归，普希金的《渔夫和金鱼》已经告诉了我们答案。

情感层次是指人们在做出判断时充分考虑个人情感的因素。情感因素虽然也属于非理性，但相比情绪要有迹可循，情绪可以是随心所欲，但情感往往有一定时间的积淀，而且与每个人的成长经历有更直接的关系，情感可能是由于血缘、同乡等先天的原因产生，也可能是因为时间、合作、同窗等后天的原因培养而成。情感外在可以表现为爱情、亲情、乡情、师生情、同学情等，甚至可以是一种个人的兴趣爱好。由情感因素产生的判断表面上看与个人能力无关，毕竟与个人感情相关的因素主要由其出身和成长经历所决定，而这些又几乎无法选择、改变；而与兴趣相关的情感又像是萝卜白菜，各有所爱，无规律可言。但实际上个人由于情感因素在判断中所表现出的好恶也是与能力息息相关的，一个人可能并不会因为能力增强、权力增大而增加由于情感好恶原因来判断的频率，但对由于情感好恶而判断的坚持性会增加。意思是每个人都清楚由于个人情感好恶而判断事物，属于非理性判断，所以当有机会修改、修正自己判断时可能不会再坚持原有判断。但当个人能力增加以后，很可能会越发坚持自己明知不恰当的非理性判断。这可能是随着人阅历越来越丰富、越来越成功，必然越来越坚定自己的直觉判断。现实生活中，这类人类似于我们所说的老顽固。比如汽车发展史上划时代的人物亨利·福特，他当年创造性地发明了汽车生产线工艺，在大幅度降低福特 T 型车成本后，T 型车风靡全美。在取得巨大的成功之后，亨利·福特固执地认为单一颜色、单一款式的 T 型车就是汽车发展的终极目标。对此，他的儿子埃德塞尔·福特曾无数次试图建议改进、革新福特车，亨利·福特就是死死坚持固有思想，最后埃德塞尔·福特郁郁而终，而福特公司也蒙受了极大损失。

以上我们从情绪、情感两个层次分析了非理性判断的特点，主要是提示大家注意审视，当自己在做出判断时是否处于非理性之中。当然此刻我们也可以情绪化地问：为什么一定要理性判断？但不管是判断也好，决策也好，理性的选择肯定会使我们后悔的可能性最小，而且理性选择也会使他人受的伤害最小，或是他人得到利益最大。同时，我们必须承认：人就是人，不可能所有判断都非常理性。但我还是要提醒：对于非理性判断，我们要特别注意情绪层次的判断，建议每个人对自己的情绪有个检测机制，如果发现自己完全沉浸在即时的情绪中，此时的判断最容易产生偏差。我特别喜欢阿尔·帕西诺在《教父》中的名言：不要憎恨你的敌人，那会干扰你的判断。

最后，我要特别对中国行政体系内的官员说两句，我们经常看到有的官员随着职务升迁，个人脾气不断增大，这实际是权力缺少监督的结果。因为官员职务升高意味着掌握的权力更大，可调动的资源更多，所以能够支持情绪、情感判断的可能性就越大。所谓官员脾气大实际上就是可以在原则之外要情绪、讲感情，但官员权力再大，掌握的也是公共资源，监督的缺失也只能是暂时的，所以如果官员自身没有一个反省机制，那脾气的增长只能使自己成为毁灭前的疯狂。

容人之长

　　容人之长在字面上容易理解，即做人不嫉妒别人。从心理学讲，嫉妒是一种非常奇怪的心理现象，嫉妒也可以说是一种情绪，一般来说，人的情绪都是对自身有利的。比如高兴、悲伤都可以宣泄情绪、调整身心，即使是恐惧也可以自我保护，唯独嫉妒可以说一点好处也没有。如果说学生时代，嫉妒心也许可以促进上进心，自己可能会看到与别人的差距而加倍努力，那么成年后，嫉妒的唯一一点积极作用也没有了，剩下的只是酸酸地祝福，幸灾乐祸地转述信息。嫉妒不但对自己无益，对别人其实也无影响，我们都是受唯物主义教育成长的，不相信做小人、写八字，然后扎小针之类的巫蛊之术。

　　既然嫉妒如此没有意义，那嫉妒本身又有什么危害呢？首先，嫉妒是一种错误的解决问题方式。我曾经读过一个发人深省的故事：老师在黑板上画了两条长度相等的线段，称为 A 线段和 B 线段。于是老师问同学们如何能使 B 线段变短？所有人的答案都是把 B 线段截断或是涂抹掉，但老师只是用粉笔把 A 线段加长，B 线段虽然不变，但在加长的A 线段面前也是变短了。这个故事实际反映出多数人在竞争中的心态，总想通过对手失败或犯错误的方式取胜，但实际上自己提升本领也是竞争获胜的思路之一。而我们通常采用减短 B 线段的方法实际就是在嫉妒心指导之下的一种行为。

刚才我们介绍的是嫉妒心之下的一种行动反应，但如果只是酸酸地嫉妒，人际交往中只有评论而没有任何行动呢？这种例子也很常见，特别在平时茶余饭后的聚会中，我们会有不少人热衷于点评周围的熟人。当然这也很正常，不能一概而论为搬弄是非，正所谓谁人背后不说人，谁人背后无人说，毕竟许多人都有着当伯乐的渴望。但评论人和评论书差不多，最后往往发展为谁发现的缺点越多，挖掘得越深刻，谁就越犀利。这种专注缺点的点评，我们姑且不谈正确与否、客观与否，我们只需要反思，如果过于关注别人缺点会带来什么结果？以常人为例，当我们认为别人有什么缺点时，自己经常先舒一口气，即使本人有同样类似的问题，我们也会马上赦免自己：人不都一样吗？别和自己过不去。如果认为自己没有类似缺点时，那心里自然涌上一股暖意，自恋的成分肯定又加一分。所以关注别人的缺点对别人毫无影响，却会使对自我的要求降低，如果情绪调整、自信都建立在别人的缺点、不足之上，不免有些怪怪的。相反，如果能专注别人的优点，至少自己可以经常保持一个谦虚的态度。了解别人的优点后，即使赶不上，学不了，对自己也有一个提醒作用，少几分自恋自然容易和同事相处，对未来的沟通来说至少有个更好的起点。

嫉妒除了以上行为、言谈的因素之外，还有一个更为重要的因素——心态。常有年轻民警问我和同事沟通有没有什么技巧。其实此问题好像很复杂，其实很简单，因为不管在多复杂的人际关系体系内，你只要真诚真心地希望别人好，就一定可以做一个处处受欢迎的人。但真正做到此点又太难了，因为是不是真心祝福对方能够感觉得到。所以当你在客套地表达时，对方同样在客套地接受，你不从心里出来的东西，对方同样不会放到心里去，所以容人之长重点在于是否真心祝福，于是我们可以说嫉妒是个态度问题而不是技巧问题。

　　最后，我特别要提醒大家，嫉妒有其特殊的游戏规则，即嫉妒相似，不嫉妒不同；嫉妒易得，不嫉妒难得。所谓嫉妒相似是指每个人履历不同，越是相似的履历他人越热衷于比较；而所谓嫉妒易得是指越是容易得到的越容易引起他人嫉妒。综上所述，我们必须承认嫉妒是一种非常复杂的感情，只有不断地提升个人修养，从根本上审视自己，我们才能最大限度地克服嫉妒的心态、言论和行为。

31

如何识别风凉话

究竟什么是"风凉话"？是"发牢骚"吗？不是。虽然这两种方式都有怀才不遇的大背景，但进一步分析两者还是不同的，因为"发牢骚"是指自己向别人抱怨自己受到的不公正待遇，而"风凉话"是指背后点评别人的一些工作方法。这两种现象在任何机构中都普遍存在，而又不被组织接受。客观地讲，从心理学的角度看，发牢骚还是可以理解的，至少这是自我心理调节的一种方法，只是对象要谨慎选择。风凉话可截然不同，它对组织的管理体系破坏力十分巨大，它可能会包装在"一颗公心""有正义感""关心组织发展"等说辞之下。所以我今天尝试分析一下风凉话产生的原因和危害。

需要说明的是，说风凉话真是出于恶意诋毁、以中伤为目的的确实不多，更多同志还是主要想证明自己的正确、高明罢了，但其杀伤力绝不因为动机不同而减弱。为什么风凉话会有如此杀伤力呢？原因有三：一是轻松，二是正确，三是关心。

为了更好地理解"轻松"的含义，我先说一个故事。岳母帮我们带女儿时，每天早上我和妻子最喜欢埋怨她："别给孩子穿这么多衣服！热了出汗后更容易生病！"岳母回老家后，我和妻子早上又要商量："今天天气怎么样？给孩子穿这么多够不够？"最后结论一定是："再加一件衣服吧，热了她自己会脱，千万别冻着了！"由此可以发现对同一现象，即使是同一个人，也会由于扮演旁观者和执行者等不同的角色，其结论也是截然不同的。岳母带小孩时，我和妻子都可以很轻松地在一旁评论，这正是风凉话中轻松特点的一个展示。实际上，在工作中也是如此，我们可能经常就领导决策轻松地指点江山，品头论足，而且还觉得自己带有大气磅礴、举重若轻的风度。这也正是风凉话的杀伤力所在，因为它表面上达到了管理的至高境界——复杂问题简单化！但事实上并不是，只是因为我们没有担起那份责任。正如例子中一样，我自己照顾小孩时马上感到了责任，再也不敢认为这是个轻松简单的问题。我们经常讲要换位思考，这本身也是一种体会责任的方式，但实际上责任如果没落到自己肩上，我们就永远体会不到那种压力。我提出此点只是要提示大家，不要过于轻松地点评上级决策，这不能证明你高明，只说明了你没有担起那份责任。

　　风凉话的第二个特点是正确。我们经常在风凉话中听到"如果是我怎样怎样……"或者"当时就该这样这样……"之类的话。我们可以充分地感觉到其无比正确之处。但我们忽视了一个逻辑陷阱，这些风凉话之所以正确是因为它们从一个结果倒推一个无法检验的原因，所以它们可以永远立于不败之地。我只想提醒大家，风凉话的正确主要是因为它无法检验，比如很多群体性事件过后，当我们读反思报告时，都有一种"一览众山小"的感觉，报告总能点评得头头是道，但实际上脱离当时的大背景后，再回头分析总是充满事后诸葛亮的味道。我并不反对事后总结提高，但只想强调总结一定要客观，要尽可能地把事件还原到当时的大背景之下。如果仅从结果倒推，必然出现我们今天的很多材料中反映出的现象：一件事如果结果好了，一切处理方法都是对的，一切都是经验；如果事情搞砸了，一切都是错的，所有都是教训。从某种意义上讲，很多风凉话都带有这种材料思维的逻辑形式。

以上两种风凉话还比较好识别，第三种可就隐蔽得多了，它往往包装于关心、爱护的外衣之下。我曾经做过一个调查：如果问一个同志"你今年在工作方面自认为表现不错，可是到年底并没有被评上什么优秀"之类，这时另一个同事对你说："你比那小刘强多了，优秀怎么也该是你呀！"这时你是什么感觉？很多同志都回答心里很感谢那个同事的认可。但我却很不以为然，因为这实际上就是第三种风凉话。如果他真的认为你该评为优秀，他应该去找领导反映，而和你讲改变不了任何局面，反而搅乱了局。本来你可能并不在意，听他一讲很可能心里不愉快了，如果因此影响你以后的工作态度，最后吃亏的还是你。而他呢，没有任何成本地赚了一个好人的名声，而且这类同事很可能根本不关心你的工作情况，他主要目的是觉得自己的工作没有得到应有的评价，就通过议论别人来发泄自己的不满。

以上我大概介绍了包装风凉话的三种形式，主要是想帮助大家区分、识别风凉话，因为风凉话实际上是组织管理中最常见的破坏力量，表面上它影响不大，但组织的风气、文化、执行力等都会因为风凉话受到破坏。而且在个人的职业成长过程中也极容易受到风凉话的干扰，此时不禁想起伏契克的一句名言：人们，我是爱你们的！你们可要警惕啊！

第三篇

修其身

个人的品牌管理之一

品牌管理是自由竞争时代中商品竞争的一个重要内容和策略。在市场经济的大潮下，各行各业都面临着激烈的竞争，即使公安行业也不例外，所以我们可以引入一些有关品牌管理的思路和方法。毕竟在竞争中，每个警察在职业发展中实际上也是在营销自己，如何管理好个人的品牌自然变成当务之急。

品牌管理是一个非常系统的理论，如果个人自我管理借鉴此理论，只需引入几个概念，此文重点介绍品牌的联想概念和意义。所谓品牌的联想是指消费者看到一特定品牌时，从他的记忆中引发出对该品牌的任何想法，包括感觉、经验、评价等。实际上人际交往何尝不是如此？特别是熟人，我们更容易下意识地对其进行品格或特点判断，比如老张为人厚道，话不多，工作勤勤恳恳；而小李则有些计较，喜欢工作时讲讲条件；大刘为人直率，有一说一，绝不藏着掖着。我们承认每个人留给其他人的印象都有差异，但周围人对同一人大体的判断还是基本一致的。所以在警察的集体工作环境中，如果个体警察能够管理好自己的个人品牌，注意自己的个性特征和工作特点能使上下级领导和同事自然产生某方面联想，那在各种推荐或是考察中一定占尽先机。

根据商品品牌管理的理论，品牌联想又可以分为三类：属性联想、利益联想和态度联想。类比个人的品牌管理，属性联想类似于个人的性格、品行、气质等，往往是人与生俱来而难以克服或改变的特质。而利益联想，顾名思义是指商品能给消费者带来何种利益的联想，对应个人品牌管理则类似于个人的为人处世风格。此种联想至关重要，因为它不但能调整，而且直接决定其他人能否从我们的为人处世中获得利益，所以其他人可能是无意中的关注，但是本人则应极为留意此点。而态度联想是一种综合联想，是他人对我们的整体感觉，这虽然重要，但其中还是利益联想部分起的作用大。

至于何种利益联想能帮助我们提升个人品牌当然不言而喻，因为公认的好的工作习惯和能使人从中获利的工作方法我们都熟知一二，比如敢于负责、认真细致、不留手尾、多加班、少发牢骚等。但实践中，这些浅显的道理我们都懂，而且也做到过，但仍旧没有在同事、领导心目中形成我们想要的利益联想效果。这主要是我们忽略了品牌管理中一个至关重要的内容——品牌信誉。品牌信誉是指商品质量的稳定性，我们不可能因为某种商品曾经质量好而满意，商品只有一贯如此的高质量才能得到消费者青睐。个人品牌管理也是同样道理，我们曾经努力工作、曾经勇于负责并不重要，重要的是能否一以贯之，从而使领导、同事自然产生有利的品牌联想，对我们也肯定形成与其他人相比更有竞争力的态度认可。

那我们如何才能知道个人品牌会给他人带来何种联想呢？倾听评价是一种方法，但由于中国文化中特殊的人情因素，我们很难得到中肯的、批评式的评价。不过即使在一些良性评价中，我们依然可以微妙地察觉到用词的差异。比如领导说：小王很老实，小赵很踏实。对两人的评价似乎差不多，但语义背后有着天壤之别。老实是形容某人的性格，这只是个人的一个性格特点；但踏实则是形容人的工作方式，这种工作方式在职场中简直就是一种成绩。再比如领导表扬说：你很聪明！或是你很"醒目"！这有不同吗？当然有！聪明是你个人的优点，与领导无关；但醒目是领导感觉你的聪明已经给他带来了实际利益。奥秘就在于你的优秀素质是否已经在工作中产生了好的效益。所以通过别人评价的用词不同，我们可以从中分析出个人品牌引起了他人的何种联想。总之，务必使自己的优秀品格也好，优秀素质也好，尽可能地转化为他人的利益。因为品格、素质等永远属于你自己，只有利益才能引起他人的兴趣。

倾听之外，考察个人品牌联想的第二个方法就是自我感觉，但正所谓"知人者智，自知者明"。我们通常很难有自知之明，这正因为缺乏对自己平时行为的约束，总认为一些小节的失误或随意别人并不会在意，其实恰恰是这些小节和细节带给他人根深蒂固的负面联想。

理解了个人品牌管理中品牌联想的意义，我们就应意识到自己的一举一动、一言一行实际上就是自己的品牌代言人，警察在职场中的发展和商品在商场中的地位相似，成功与否取决于我们能在多大范围内、多长时间内引起令他人满意的联想。

✦33✦

个人的品牌管理之二

此文重点介绍品牌管理理论中的品牌定位概念。商品的品牌定位是指企业建立一个与目标市场相关的独特品牌形象，从而在消费者心目中留下深刻的印象，使消费者以此来区别其他品牌。此理论基础是现代社会消费者的需求越来越个性化，消费者对产品的差异化要求越来越高，所以商品只能通过自身定位来满足消费者中的一小部分，并将其锁定为目标客户而进一步量身定做产品性能。同样道理，在警察的职业生涯中，每个个体民警的能力、特长也不一样，每个民警的工作环境也不相同，而且每个部门领导的风格也不一致，所以如果我们引入品牌管理的理念，那品牌定位也是一个重要的参考理论。

个体民警的品牌定位策略实际上就是品牌联想理论的进一步延伸。既然企业可以根据消费者的利益联想调整商品特征，那我们警察个体也可以通过自身定位引导周围领导和同事的利益联想产生我们希望的内容。但警察的个体品牌定位也要根据自身特点、工作环境等诸多因素来定。对此，我建议可以从三个方面入手：自身所能，领导所需，同事所弱。

自身所能，顾名思义是指警察个体自身的能力和特点，此点实质是警察个体的立警之本。公安工作内容非常庞杂，覆盖面也广，特别是一线和基层更需要处理事情稳妥，考虑周全，所以各个岗位都需要一定的业务能力。故个体民警一定要发现自己的特长，可能是侦查工作的细致或是跳跃式的思维，也可能是对材料的把握，或者是做群众工作能力出色，总之任何警察必须找到自己的立警之本。警察职业总体上是与人打交道的职业，所以如何在这方面发现自己的潜力才是最重要的。

领导所需是指本部门领导最想做的事。下级的晋升说到底都是由上级任命的，这就客观上造成下级要想领导之所想，急领导之所急。对此我们不评论对错与否，只是因势利导提醒各级警察：领导永远是你职业生涯中的一块大石头。这又有两重含义：一是此石头你绕不开，二是此石头可以做绊脚石也可以做垫脚石。绕不开的大石头容易理解，说明公安机关的晋升是逐级考察制，即当警察晋升时，其领导永远是考察组必然询问之对象。但领导是绊脚石还是垫脚石，那要取决于个体警察的工作态度。如果紧扣领导所需定位，领导当然可能是垫脚石，相反领导则会是绊脚石。

同事所弱是个体民警自我定位中最容易忽视的环节。由于中国官场中年龄是不可逾越之槛，所以中国式竞争最大特点是一代人与同代人的竞争。由此说明发现同事所弱极为重要，比如说八零后都不想加班，所以某个经常加班的八零后，自然在同事中占尽先机。如果说这一代人很浮躁，那踏实工作必然成为个人品牌中难得的亮点。

以上我们从三个方面分析了个人品牌定位的参照点，但核心还是关于个体警察对自身价值的认识。对于警察的个人价值我们还可以从三个方面加以认识：个人价值，使用价值，隐性价值。个人价值当然对应自身所能，使用价值也是对应领导所需，但隐性价值略有不同。隐性价值更侧重于民警的未来发展，准确地讲，隐性价值属于民警的品牌联想范畴，最终本质还是个体民警行为的稳定性，或者说是民警对待挫折的态度。所以在个人的品牌管理方面，个人行为的一致性才真正是重中之重。

34

孙悟空的启示之一

话说孙悟空历经数年的奔波终于见到了菩提祖师，要求拜师学艺，面试时老祖问了他一个问题："你姓甚么？"但孙悟空当时领会错了，以为在问他有没有脾气性格的"性"，于是回答："我无性。人若骂我，我也不恼；若打我，我也不嗔，只是陪个礼儿就罢了。一生无性。"此时的孙悟空还只是一只除了出身与众不同之外，其他完全和普通猴子没有两样的猴子，在第一次见到传说中的神仙时除了虔诚叩头拜师之外没有别的什么心思，所以说此刻的孙悟空绝对不敢说谎。但这只无性儿的石猴儿和日后降妖除魔的齐天大圣脾气、性格的差异简直太大了。《西游记》虽然是神魔小说，但其背景还是人间百态，其映射的更是现实生活，于是孙悟空给我们的启示绝对有现实意义。所以，在孙悟空一前一后的性格天壤之别的变化中，我们能得到的结论就是：人的性格会与其本领同步变化。

为了更好地理解此道理，我们还是先分析一下什么是性格。我们可以把性格理解为是每个人比较稳定的心理特征，主要体现在其对自己、对别人、对事物的态度和所采取的言行举止中。此定义的要点有两个：一、性格是稳定的心理特征；二、性格体现在对己对人和事物的态度与行为中。

孙悟空的例子已经告诉我们，性格并非稳定不变，而之所以大多数人性格没有什么变化，只是因为大多数人的本领和能力没有变化罢了。性格的第二个特点又提醒我们，性格表面上属于个人特点，但实际与他人息息相关，特别是有性格的人对他人的生活、工作影响巨大。试想当初无性儿的孙悟空可能毫不起眼，但成长为有性格的孙悟空后，不管是龙王，还是阎王，甚至连玉皇大帝的生活都受到了干扰。为什么有性格的人会造成如此大的动静呢？其实性格的本质是在人的群体中，个体要区别于其他人的一种个人意志表达方式。其目的可能是为了与众不同，或是想追求在群体中更高的地位，等等。由此可见，个体的性格对其融入群体生活是非常有障碍的，特别对群体秩序有着天生的破坏力，当然我们必须承认，有的破坏对群体的发展有建设性，但遗憾的是其他个体往往看不到建设性的方面，所以有性格之人在集体中将会处于很另类的地位。这对我们又有什么启示呢？

首先，我曾经见过不少同志自称自己有性格，或是个性太强之类，但他们并没有意识到这有什么问题，只是认为其他人应充分理解他们的性格特点。对此，我的建议是认为自己有性格无可厚非，但关键是要对照检查自己的本领和能力，即审视自己的本领和能力是不是不可或缺？足不足以使群体对自己形成依赖？孙悟空是很有性格，唐三藏领导的话也不听，对同事猪八戒一口一个"呆子"，但这种性格是有特殊本领作为依托的。而且此群体对孙悟空十分依赖，往往孙悟空离开一小会儿，其他人就都被收到妖精洞里了。所以孙悟空的例子与其说是鼓励有性格，不如说是对我们中间有性格之人的一个警醒。再以公安工作为例，此项工作绝大部分没有技术含量，所以很多部门中形不成孙悟空式的业务骨干，这其实意味着这些单位也不会容忍太有性格之人存在。所以我特别要提醒已经注意到自己个性强的同事，突出的性格是可以丰富生活，但在实际生活中，人们只愿意听到有性格之人的故事，但没人愿意和有性格之人共事。

其次，对于我们身边那些确实性格与本领同在的同事同样也有两点启示：一是性格增长的速度不要超过本领的增长速度。这意味着有本领之人随时还要注意学习提高，不然如果本领止步不前，脾气性格倒涨个不停，那组织的容忍度只能越来越小。二是本领再大，如果能控制好性格脾气，那会有更好的工作效果。孙悟空的本领毋庸置疑，但处处也需要友神相助，而且孙悟空的性格若能有所收敛，先别说能解决多少困难，至少能少惹不少麻烦。在文学创作中，矛盾可以增加冲突，可读性高，但在现实生活中，人际冲突肯定是越少越好。

最后，对于更多的普通人来说，对身边有性格的同事还是要尽可能宽容，可能他们的本领不足以支撑其性格，但对于生活而言，有性格之人确实能增加颜色。而且对他人性格的宽容程度也是社会进步的一个标志，张扬个性对个人能力的发挥确实有所帮助，如果一个社会中个人个性都能得到充分展现，那这个宽容型社会的进步程度必然超过秩序强但死水一潭的社会形式。

35

孙悟空的启示之二

　　不管是人还是神，其成长道路都会一波三折，孙悟空当然也不例外，本文仅就其在大闹天宫阶段的一些认识错误做些点评。如果从文学欣赏的角度看，个性张扬的孙悟空在大闹天宫时的种种表现绝对可圈可点，但如果从现实的职场生活角度看，孙悟空的思维方法有着明显的问题。

　　孙悟空学成本领后，首先是夺回了花果山山大王的宝座。但为了一件趁手的兵器——金箍棒，得罪了东海龙王。后又因为生死簿问题大闹阎王殿。在龙王和阎王的投诉下，玉皇大帝为了招安孙悟空在天庭给他安排了一个岗位——弼马温。准确地说，最初孙悟空在此岗位上积极肯干，而且把天马养得膘肥体壮，所以工作成绩不错。但一次偶然听说弼马温是一个不入流的低级职务后，马上一怒反出天庭，回花果山立起了齐天大圣的大旗。到此阶段，我们很多人都认为孙悟空做得正确，毕竟他的本领太大，而职位又太低，严重不匹配。其实此刻我们都是把自己投射到了孙悟空身上，认为自己的能力和部门领导给的待遇不相称。但如果我们把自己投射到玉皇大帝身上又如何呢？你孙悟空有多少本领我玉皇大帝并不知道，知道的都是龙王和阎王的告状。而且即使你孙悟空再有本领，对天庭也没有任何贡献呀！神仙以除魔降妖为己任，但你孙悟空只是为了争大王除了一个妖，而且平时交友不慎，多与各式黑道人物频频往来。如果此时重用你孙悟空，怎么能平衡天庭其他各路神仙的关系？这么多有贡献、行为端正的神仙干部都在排队等位子，你孙悟空从石头缝里蹦出来，留洋一圈，就算真有些本领，但对天庭的集体也是没有任何贡献呀！因此我们所有与孙悟空有同感的同志都要警醒，组织对个体员工首先考量的是贡献，而不是本领。

孙悟空第二次认识错误发生在被第二次招安之后。经过第一次大闹也确实使玉皇大帝和天庭诸神见识了孙悟空的本领，所以孙悟空也确实被封为齐天大圣，并在蟠桃园旁建了专门府邸，并为其安排了专职下属。做专职齐天大圣之初，孙悟空绝对逍遥自在，但后来有好事者建议让孙悟空管理蟠桃园，才引起之后大闹蟠桃会的故事。至于孙悟空如何监守自盗偷吃蟠桃，我不做评论，因为让猴子看桃无异于让狗守排骨，让猫保管鱼，这都属于上级安排工作有误。但孙悟空大闹蟠桃会的原因却有待商榷，因为惹怒孙悟空的是由于其不在被邀请的客人之列。对此我们肯定还是理解孙悟空，毕竟如此有本领，如此有名望的神仙居然没入王母娘娘法眼。同理我们再以王母娘娘的视角来看此事：你孙悟空出道才几百年，我的蟠桃少则三千年，多则九千年才成熟一次，假设我三千年开一次蟠桃会，你孙悟空肯定不在上次大会的名单中。本次会议即使遗漏也再正常不过。再者我请的客人是西天佛老、菩萨、罗汉，南方南极观音，东方崇恩圣帝、十洲三岛仙翁，北方北极玄灵，中央黄极黄角大仙，这个是五方五老。还有五斗星君、上八洞三清、四帝、太乙天仙等众，中八洞玉皇、九垒、海岳神仙，下八洞幽冥教主、注世地仙。这些神仙大致分为两类：一是独行神，但都是经过数万数十万年甚至更多年的修行，属于久经考验；二是几个神仙联合发起，或是垄断某一领域，或是起到相似作用，或是其本领互补，总之都是有自己小圈子的集体成名。你孙悟空既没有足够长时间的修行，又是独来独往不与其他神仙组队，你如此不按上层神仙社会的游戏规则出牌，我凭什么就一定要邀请你！所以在此问题上同情孙悟空的同志都要反思，本领可能是很大，但本领大也有可能引起我们的浮躁。成功、成名都不是一日之功，而且在成功的道路上除了个人努力的因素之外，还要注意团结同事，还要有一帮互相照应的好朋友，成功就会顺利些。

以上，通过分析孙悟空初入职场时两次重大的认识失误，我希望对新参加工作的同志有所借鉴，但绝不是要否定孙悟空的个人工作能力。同时更希望大家关注孙悟空的结局，孙悟空保护唐三藏西天取经成功后终成正果被封为斗战胜佛。请问孙悟空的成功是因为法术增加了吗？还是筋斗云和七十二变。是因为法宝增加了吗？还是一根金箍棒。但孙悟空懂得了对组织的贡献比本领更重要，孙悟空一路保护唐三藏就是最大贡献。而且孙悟空懂得了成功需要脚踏实地，经过九九八十一难的磨炼，并且成功更需要一个团队的集体力量。

36

孙悟空的启示之三

　　孙悟空在保护唐僧西天取经的过程中，总体表现出完成任务的决心越来越大，但降妖本领越来越小的趋势。从一只无法无天的野猴到一个一心向佛、传播佛法的神猴，我们容易理解；而通过实践，降魔除妖经验确实越来越丰富，孙悟空却为什么好像本领越来越差了呢？特别是取经到了中后期，每每遇到某个妖精，孙悟空往往交手几下，马上招来山神或土地，调查一下当下妖精的背景，然后就去找妖精的主人或是克星，在其他神仙的帮助下才收降妖精。

　　很多人对此的解释都是孙悟空通过前半程的降妖发现其中多数妖精都有背景，不是某个大仙的家奴，就是某个神佛的神兽，所以及时请来妖精的后台，不但降妖轻而易举，而且还可以避免如果不小心打死妖精而与其他神仙结下梁子。此番解释当然有道理，但我以为其实这还反映出孙悟空的成熟，用职场理论翻译就是孙悟空学会了业务骨干做人不能刻薄的原理。

　　业务骨干在任何一线实战部门的重要程度都毋庸置疑，但业务骨干的通病都是恃才傲物而群众基础不好，而产生此通病的最直接因素又是业务骨干不经意流露出的刻薄态度。回想学生时代，班上总有一两个成绩很好但不招人喜欢的尖子生。原因很简单，每当有同学虚心向其请教数学题时，尖子生总是下意识地撇起嘴说："连这题都不会？"或是

"这太简单了！"这样，即使尖子生很用心地讲解了如何做此题，我们心里也会不舒服。因为他的刻薄已经刺痛了我们的自尊心。在职场中，业务骨干的刻薄又有哪些表现呢？极端一些的会表现为喜欢讽刺工作差一些的同事，极其自然地随时流露出自己能力最强的骄傲神态；即使有些骨干很努力地要夹着尾巴做人，一样会经常表述自己的工作最苦最累，所有集体的困难都靠自己解决；还有些骨干会在工作方面给予别人帮助，但口吻永远是指责批评，方法永远是简单粗暴，神情永远是不屑一顾。那到底是什么因素造成了这些刻薄呢？我以为原因有二：

一是业务骨干的刻薄是一种基于才智的不平等的苛求。如果人与人之间才智相差太大，最直接的影响是交流成本过高，试想如果两个人在沟通中彼此感觉犹如鸡同鸭讲，那急躁、轻蔑肯定在所难免，但此种刻薄还是起源于才智高的一方的心理苛求，此种苛求是按照自己的才智标准要求别人，但实际上不可能如此。骄傲是我们认为某人的表现超过了其实际成绩或能力，但苛求是我们认可其能力，只是不希望在交流中被对方用其标准衡量自己。对于骄傲我们还会嘲讽一下，但对刻薄的苛求我们只有疏远，这也是为什么有些能力强、成绩大的同事反而工作环境不好的一个原因。

二是不懂得分享。我们还是以孙悟空降妖为例。在取经后半程中，孙悟空虽然继续轻蔑不屑地称呼猪八戒一口一个"呆子"，但在除魔降妖的大问题上懂得了分享。试想保护唐僧西天取经固然艰苦和危险，但这都主要是对凡人唐僧而言，对神功护体、法力无边的孙悟空其实不是问题。而且如果保护唐僧取经成功对于佛祖而言将是不世之功，所以可想而知被排除在取经队伍之外的诸神，特别是想在佛祖面前工作有所表现的神仙，哪个不想趁机捞些政绩，而孙悟空主动去找神仙帮忙正是两全其美，孙悟空可以借力使力，其他神仙又能赚些成绩。我们以《西游记》第八十一至八十三回中，孙悟空大战陷空山无底洞的金鼻白毛老鼠精为例，在此故事中的妖精确实有些本领，两次施计掳走唐僧，但真功夫还是不如悟空："那妖精战行者一个已是不能。"但后来行者在无底洞中发现"尊父李天王之位"和"尊兄哪吒三太子位"的牌位后马上告状到天庭。但实际上哪里是告状！前面一路上遇到的妖精除了白骨精和七绝山的蟒蛇精属于草根出身之外，其余都是"挂职锻炼干部"，而且这些"下派妖精"的主人没有一个因此负过领导失职的责任。所以此次告状是假，分功是真，因为孙悟空与托塔天王和哪吒隶属于不同的考核体系，所以如果降妖成功，一个成绩可以各自表述，即工作成绩可以分别计算，同事间既无争功之嫌，领导又无平衡奖励之累。

本文我举孙悟空后期成长的例子是要说明职场中的业务骨干一定要学会打造自己的工作环境，不能简单地埋怨别人都在嫉妒自己的能力，或是抱怨领导没水平只知道平衡关系，等等。业务骨干即使对组织有着突出的贡献，但还是要注意平等待人和与人分享，如果没有从观念上认识此问题，只能是工作做得越多，不满意的人也越多，因为刻薄不一定是刻意，而是一种不经意的流露。

孙悟空的启示之四

孙悟空作为一个业务骨干，其能力有目共睹，除了七十二变之外，还有一双极为特别的火眼金睛，即能分辨出妖精变化为人形之后的原形。但此超凡能力有使孙悟空在工作中顺风顺水吗？不尽然，至少在三打白骨精中，我们看到了此能力给孙悟空带来的副作用。

三打白骨精大概是《西游记》中普及度最高的故事之一，甚至被作为寓言教育儿童。我们读此故事时都是一边倒地为孙悟空抱不平，而且唐僧在其中更是作为愚蠢、迂腐、不明真相的反面代表。如果用当前职场语言解读三打白骨精，就是作为绝对业务骨干，孙悟空在做出除去白骨精的巨大工作成绩后居然被老板炒了鱿鱼。但如果我们通读遇见白骨精之前的故事，就能发现孙悟空对此负有一定责任。

齐天大圣大闹天宫和唐僧取经之初我们略去不表，自从唐僧收悟空为徒之后在观音院和黑风山首次遇险，事件是因为唐僧的华丽袈裟而起。在高老庄收复猪八戒后在黄风岭再次遇险，唐僧被掳入妖洞中。但在此战中是猪八戒手刃虎精，孙悟空在与黄风怪大战中还被"三昧真风"吹伤，后来是护教伽蓝帮他治好了眼睛，灵吉菩萨降服了黄风怪。之后是收了沙僧，不久取经团队又在五庄观遭难，但此次灾难完全因孙悟空而起，而且全团队悉数被捉，最后还是观音菩萨调解了此次神仙内部矛盾。我如此详细介绍这些背景是要说明在白骨精出现之前，孙悟空与唐僧处于完全不同的认知结构中。当时孙悟空还依然停留在大闹天宫的业绩之中，虽然口上叫唐僧"领导"（师父），但心里认为唐僧一个没有能力的凡人如果没有自己保护，很快就会被妖精吃掉。而唐僧根本不知道五百年前的大闹天宫，也不懂得什么火眼金睛，只知道是自己在五行山下救了一个猴精，此猴精有些本领，但也没什么大不了，而且特别喜欢惹是生非，所以说此时的孙悟空在领导唐僧心目中就是大年三十晚上的一道凉菜——有它没它都一样过年。

其实，在三打白骨精之后，唐僧与孙悟空激烈的争执并非是"被打死的一家三口是人还是妖"那么简单，而是一种价值观的冲突。站在上帝视角的我们知道，孙悟空绝对正确，很委屈。但唐僧见到的就是一家三口死于非命，至于是人是妖属于专业的技术问题。所以作为业务骨干的孙悟空，其错误在于不应当众与负责宏观管理的领导争论业务细节问题。特别是当领导对业务骨干的真实能力不是很了解，或不是很信任的情况下，就会将领导置于一个非常尴尬的处境。出家人以慈悲为怀，连杀生都不可以，面对三个活人被徒弟打死，身为领导的唐僧能不表态吗？可是马上又被孙悟空当众以类似"你不懂业务"的态度回绝，试想取经团队刚刚成立不久，凝聚力还未形成，此时领导的威信何在？加之此时唐僧心中的猪八戒、沙僧也是有些本领，更重要的是他们不惹是生非，所以唐僧此时总结孙悟空的错误不是恃才傲物那么简单，而是一种圣僧与妖猴儿之间价值观的不同，正所谓"道不同不相为谋"，业务骨干孙悟空的离去也就成为必然。

在神仙世界中，孙悟空还算有补救的机会，最后修成正果。但在现实职场中，就没有几个业务骨干离开后还会有孙悟空那么幸运了。那么在三打白骨精中的孙悟空对我们又有什么样的启示呢？

其实，最重要的一点就是业务骨干的自我定位问题，此定位分为任务定位、专业能力定位和业务定位三种。我们还以孙悟空为例，当年在五行山脚下，观音菩萨传佛祖旨意给孙悟空的任务是"保护唐僧去西天取经"。此任务除去护送的内容之外，更重要的是明确了领导与被领导的关系，表面上看打死白骨精是在执行保护唐僧的任务，但其通过专业知识挑战领导权威就是定位错误。对唐僧的领导任命来自佛祖，孙悟空因为工作原因被领导逐出团队，表面上看是领导个人的责任，但如果唐僧随后遭遇意外，孙悟空的任务还是没有完成，连任务都完不成又何谈是业务骨干呢？所以说，如果孙悟空自我定位准确，要以"保护唐僧去西天取经"为首要任务，那其底线就至少是待在唐僧身边，即避免激烈冲突也是完成任务的一部分。

而所谓专业能力定位不是说业务骨干的自我感觉，而是要评估领导对自己的专业能力的信任度。在五行山下与唐僧第一次见面，孙悟空马上介绍自己大闹天宫的功绩。但其失误在于没注意到自己与唐僧处于神、人两界，这无异于向非本专业领导夸耀自己的专业能力，其效果肯定不行。而且在取经初期，孙悟空专业表现实属一般，只是表现出交友甚广的一面，面对唐僧这样如此实干的领导，此优点更可能给领导留下善于"忽悠"的错觉。所以说，此刻孙悟空还只是自我感觉业务能力优秀，唐僧却不以为然。

业务定位是指业务骨干要在其专业领域内部解决问题，不要轻易把本职内的业务问题推给领导。对此，孙悟空后来有了长足进步，在第三十三回中，银角大王变作摔伤的道人要悟空背，在唐僧面前，悟空明知其为妖精所变依然将计就计，暗中与其斗法，这样既在执行任务，又避免了领导在专业问题前的尴尬。

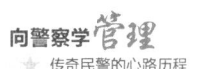

　　总之，孙悟空在三打白骨精中的表现留给我们一个启示，即不管是在天上，还是在人间，职场中的业务骨干的自我定位能力比实际业务能力更重要。

38

孙悟空的启示之五

　　《西游记》中的孙悟空与取经团队的其他人员最大区别并不在于法力的高低，而在于只有孙悟空的头上多了一个金箍，念紧箍咒也正是唐僧控制孙悟空的方式。表面上看，孙悟空戴上金箍的原因是他不服唐僧管，可是如果把孙悟空视为绝对的业务骨干，再把金箍放入职场，那我不禁要问：是不是给所有的业务骨干都戴上金箍才好管理呢？

　　我们先看看孙悟空的成长经历。最初，悟空由一只普通的石猴当上了花果山的猴王，其跨海求仙学道的根本动机是为求长生不老，从而躲过阎王的讨命。所以见到菩提祖师时，但凡不能长生不老的法术一概不学。当孙悟空得知成仙后依然要面对每隔五百年一次的三次灾难，即雷灾、火灾、风灾。这时才又学习了地煞数的七十二般变化。所以说孙悟空学习神仙技能时只是怀着一个极端个人化的动机。而孙悟空最初保护唐僧西天取经的动机是为了能够从五行山下出来。所以孙悟空从学习神仙技能成为业务骨干，到加入取经团队的动机完全是个人化的。那唐僧的取经动机又是什么呢？当时东土大唐的僧人只会讲小乘佛法，当观音菩萨介绍大乘佛法"能超亡者升天，能度难人脱苦，能修无量寿身，能作无来无去"时，激起了唐僧到西天取回大乘真经的愿望。所以说唐僧取经的动机是要普度众生，完全是一心为公，并立誓"如不到西天，不得真经，即死也不敢回国，永堕沉沦地狱"。所以即使唐僧有点想修成正果的私心，但相对已经预计到了的在路途中的危险和艰辛而言，赴西天取经绝对还是一个为了天下众生的义无反顾的义举。由此可见，唐僧和孙悟空虽然同在取经团队，都有取回真经的目标，但其背后的动机却根本不同，而唐僧更是代表一种集体的价值导向。所以给孙悟空戴金箍不是为了领导便于操控业务骨干，而是因为业务骨干与直接领导所代表的团队集体之间的价值观不同。

今天职场上的业务骨干能从孙悟空戴金箍的案例中获得什么启示呢？首先，业务骨干应反思自己才能形成的原始动机是什么。没有人天生就是业务骨干，都需要勤奋的学习和艰难的历练，所以业务骨干一定要明晰是什么力量支撑自己通过那些艰辛和考验。不管是天上的孙悟空还是人间的各种业务骨干，基本上都是以个人抱负或是需求、愿望等为动机练就的。同时各种老板或领导不敢说都是胸怀世界，但至少也是要为一定的团队集体目的负责的。这也就形成了领导与业务骨干之间近乎天然的对立，现在我们可以理解为什么职场中的业务骨干会感到总有着各种有形无形的"金箍"约束着自己，这是因为业务骨干本身在团队中就占有举足轻重的地位，而其个人目标和团队利益又有着一定冲突，所以一旦业务骨干为了满足个人目标而损害集体利益时，集体将蒙受极大打击，于是老板或领导都会选择念紧箍咒的方式加强对业务骨干的控制。

没人会喜欢戴金箍，所以业务骨干们一定会问：如何在职场中不戴金箍呢？读《西游记》的人都容易忽视一个细节，即观音菩萨到东土大唐寻找取经之人时，如来佛祖送给观音菩萨五件宝贝：锦襕袈裟一领，九环锡杖一根和三个箍儿。而这三个箍儿对应咒语三篇，主要针对取经人的妖魔徒弟，如若其不听使唤，可将此箍儿与他戴在头上。现在请注意，既然佛祖为八戒、沙僧也准备了箍儿，为什么他们没有用上呢？再回头看《西游记》第八回，观音菩萨在为唐僧选定三个徒弟时，沙僧与猪八戒明显表现得更加虔诚，更加有修成正果的渴望，不排除他们参加取经团队也伴有个人私心，但他们能将个人动机与取经团队的整体目标整合在一起，即把集体目标实现作为个人理想实现的大前提。只有孙悟空并非如此，孙悟空当时最为渴望实现的个人目标是脱离五行山的束缚而获得自由，所以孙悟空虽然也同意参加取经团队，但其现实目标明显没有与团队目的达成一致，这也是为什么最初拜唐僧为师时，孙悟空只是将其看作获得自由后的一种等价交易。这才有了后来目无领导、滥杀劫匪等一系列与唐僧的冲突，才有了戴金箍的结局。而且唐僧在哄孙悟空戴金箍的过程中居然说了谎话，"出家人不打诳语"是一个基本戒律，一代高僧唐僧居然违背此戒律，也足见领导的万般无奈和良苦用心。

孙悟空戴金箍的故事启示我们：职场中的业务骨干可以有自己的理想和目标，但一定要整合于团队集体目标之下，不然必会遭遇戴"金箍"的尴尬。试想由于观音和唐僧都只会念紧箍咒，只有西天的如来佛祖才会念松箍咒，那孙悟空的个人目标等于被领导"神为"地和取经团队的整体目标整合在一起。最后我要特别提醒业务骨干们，压了孙悟空五百年的五行山其实就是另一种形式的"金箍"，在现实生活中，有些人不是因为本领不够大而身陷困境，恰恰是因为本领过大才不停地遭遇磨难。

孙悟空的启示之六

在《孙悟空的启示之四》中，我以三打白骨精的故事为基础，论述了职场中业务骨干在发挥专业特长方面可能遇到的几个问题，由于篇幅的原因，我特别遗漏了三打白骨精中的两个细节。

细节一：白骨精第一次被打之后马上变为一个年满八旬的老妇人来找女儿，八戒见了，大惊道："师父！不好了！那妈妈儿来寻人了！"唐僧道："寻甚人？"八戒道："师兄打杀的，定是他女儿。这个定是他娘寻将来了。"行者道："兄弟莫要胡说！那女子十八岁，这老妇有八十岁，怎么六十多岁还生产？断乎是个假的，等老孙去看来。"

细节二：白骨精被孙悟空打死后马上化为一具粉色骷髅，唐僧此刻已相信孙悟空三次打死的确实是妖精。但此时八戒旁边唆嘴道："师父，他的手重棍凶，把人打死，只怕你念那话儿，故意变化这个模样，掩你的眼泪哩！"唐僧果然又信了八戒，再次念起紧箍咒。

本文我们继续以孙悟空为模板，从职场的角度解读业务骨干在本职岗位之外的一些处世技巧。首先看细节一，请注意，孙悟空火眼金睛识别妖精的专业技能唐僧并不知晓，而孙悟空根据八十岁老母不能有十八岁女儿的逻辑推理却属人间常识。所以当孙悟空之后在向唐僧说明老妇是白骨精时只是一味强调"她是妖精"，这等于在非本专业领导面前显示自己的专业技能，试图通过专业术语向领导解释。此点对业务骨干们的警示是：要学会用非专业人士能听懂的语言或方式解释专业问题。其实孙悟空如果继续以"六十多岁的妇女不能生产"这一凡人社会的常识提示唐僧，那效果肯定要好得多。我们再举一个例子：二战初期，当物理学家们知道希特勒在加紧制造原子弹时，爱因斯坦写了一封信请萨克斯转交给美国的罗斯福总统。罗斯福当时公务极为繁忙，只在某日早餐时为萨克斯挤出一点点时间。此时萨克斯并没有解释原子弹的原理和威力，只是介绍了当年英法战争期间，美国发明家富尔顿曾向拿破仑建议把战舰的风帆换成蒸汽机，但拿破仑拒绝了，他也就失去了在海上战胜英国人的机会。罗斯福沉思了三分钟后说："让美国人民一起记住拿破仑的教训吧！"两天后，美国成立了研究原子武器的委员会，这才有了原子弹的诞生。此故事再次告诉我们，不管是业务骨干还是某方面专家，其专业性的另一个标志是能用行外人听得懂的语言和逻辑解释清楚专业问题。

细节二又说明了什么问题呢？唐僧本来根据普通人的常识判断：死尸不可能马上化为粉骷髅！所以已经相信了孙悟空的专业理论。但猪八戒与孙悟空同属神仙专业，猪八戒反而提示唐僧：孙悟空的法力同样可以使正常人的尸体马上变为粉骷髅！请注意，此时的唐僧无法判断孙悟空与猪八戒到底谁的专业水平更出色，所以他判断问题的依据只能来自谁更符合他的价值标准，显然猪八戒的专业提示与唐僧的主观意见更相符，那孙悟空只能是"享受"紧箍咒了。此细节提醒我们，业务骨干一定不能怠慢自己的专业同事。虽然当时的猪八戒扮演了一个极不光彩的小人角色，而且这也很可能与其想僭越成为大师兄的动机有关。但不管如何，同时也说明孙悟空对他的尊重不够，八戒对悟空从来都是喊"师兄""哥哥"，但悟空则常常是一口一个"呆子"呵斥八戒。试想当年根正苗红的高级公务员——天蓬元帅委身于缠访、闹访的草根妖猴儿之下，就算再低调，也会心存不满。而且更为重要的是专业人士彼此拆台的概率比相互合作的可能性还要高。

通过对三打白骨精中这两个细节的分析，我们对职场中业务骨干的必备素质有了更多的了解，对此我特别要提出一个"业务能干"的概念，即很多人在工作中确实很能干，但这只是说明他们的专业技能很强。由"能干"转化为"骨干"还需要很长的路要走，"能干"只是说明可以帮领导分忧，解决一些问题，但仍然需要领导处理首尾或协调关系，而"骨干"则意味着可以令领导放心，有独当一面之才。孙悟空都需要一个成长的过程，更何况我们呢？

40

孙悟空的启示之七

　　"真假美猴王"是极富戏剧性的一个故事,《西游记》中在第五十六至五十八回的篇幅详细讲解了其来龙去脉,但很多人还是没有弄懂六耳猕猴的真实身份。我认为六耳猕猴的实质是孙悟空的心魔,我们经常用每个人心中藏着善、恶两种力量比喻人的矛盾心理,而六耳猕猴正是代表了孙悟空心中的恶势力。证据一:孙悟空的七十二变可以学习,但其火眼金睛、金箍棒、头上金箍都属于纯个人化装备和技能,要么是特殊经历,要么是世间唯一,要么是特殊设置,总之其他神仙断然不能在这三个方面全面模仿孙悟空。证据二:就其动机而言,假悟空是妖精中最另类的一个,假悟空打晕唐僧盗走取经文件的目的居然是另外组织取经团队。我们可以把此现象解释为孙悟空对唐僧的领导能力极为不满,想取而代之,但无奈唐僧属佛祖钦点,而且随身的各种手续和文件又能证明其正统性,所以只能盗证明文件并克隆取经团队。证据三:当真假悟空要到如来面前辨真假时,原文有"如来降天花普散缤纷,即离宝座,对大众道:'汝等俱是一心,且看二心竞斗而来也'"的描述,所以说如来眼中的众弟子都是一心事佛,而孙悟空则是二心竞斗的矛盾体。

　　从职场角度看,真假孙悟空的故事又有什么意义呢?其实,正如孙悟空一样,所有的业务骨干都有自己的心魔,此心魔代表着一种妨碍工作的负能量，而且像六耳猕猴一样，负能量与正能量同步增长，并始终保持着势均力敌的水平。业务骨干的心魔具体表现为：所有工作成绩都是自己创造的，团队离了自己将寸步难行；领导的决策都不对，只有自己正确；等等。我们在《西游记》中找几段孙悟空心魔外露的表现：一、当孙悟空因三打白骨精被唐僧赶走时，他特别嘱咐沙僧："倘一时有妖精拿住师父，你就说老孙是他大徒弟。西方毛怪，闻我的手段，不敢伤我师父。"二、当唐僧被黄袍怪捉住，猪八戒到花果山求救时，为了激怒悟空故意编造黄袍怪的话："是个甚么孙行者，我可怕他？他若来，我剥了他皮，抽了他筋，啃了他骨，吃了他心！饶他猴子瘦，我也把他剁碎着油烹！"悟空听后果然气得抓耳挠腮，前去擒妖。这些细节都是孙悟空沉浸于"唯我独尊"的心魔之中的具体表现，即不在乎组织、集体的利益，只是关注自己的作用和被他人尊重的程度。

那为什么这些心魔会与业务水平同步增长呢？其实这些心魔也正是工作成绩的副作用，因为每一点工作成绩的产生都会伴随着业务骨干自信心和工作经验的增长，自信心虽然可以是克服困难的力量源泉，但又会同步增加人固执己见的心态。同理，工作经验丰富是一种资源，但同时也会使人工作思路、方法僵化，所以越有经验之人往往创新动力越不强。

孙悟空在如来佛祖的帮助之下成功地除去了心魔——六耳猕猴，从此以后一心事佛，在取经团队中不但兢兢业业，而且再也没有和领导（唐僧）发生过冲突，所以也就没有受过紧箍咒的干扰，整个团队更是表现出和谐与高效。那职场中的业务骨干如何除去心魔呢？首先，对于业务骨干而言，其心魔的发现比除去更难。再回到《西游记》原著，如此多的法力无边的菩萨、罗汉、天神，以及与孙悟空朝夕相处的师父和师弟都没有发现孙悟空在与自己的心魔战斗，只有两个神发现了其中奥秘，一个是阎罗殿的谛听可以分辨得出缘由，但孙悟空曾经大闹阎王殿，所以不敢说破。另一个就是如来佛祖，即使佛祖曾经完全降服悟空，但依然为了照顾其面子创造出一个"不入十类之种，不达两间之名"的六耳猕猴。这不但说明业务骨干的心魔难于发现，而且反映了既要指出心魔的存在又要保护业务骨干的工作热情的高超领导艺术。所以对于业务骨干而言，不能寄希望于所有领导都有如来佛祖般的法力和技巧帮助自己除去心魔，只能以自省作为最主要的除心魔的手段。

作为业务骨干，又如何能修炼自省之功呢？最重要的方法还是随时心存感恩。从心理学角度讲，感恩是一种外归因，即把个人的成长和成绩归因于外界力量的帮助。此种思维方法一是可以使人心存敬畏，有了敬畏之心，人的行为就不会越轨、过界。西方有句谚语：上帝要使谁灭亡，必先使其疯狂。而人的疯狂正是来源于失去了敬畏之心以后的自以为是。二是可以使人的利他行为更有目的感，业务骨干的工作成绩本质都是一种利他行为，如果利他行为没有对应的目的，在自我的干扰下，利他行为必然犹豫，甚至迷惘。而感恩正是报恩的动机，所以随之的利他行为也就有了基础和动力。

总之，孙悟空的除去心魔只能是一种神仙世界的理想状态，而职场中业务骨干的心魔将伴随其一生，对此我们只能说自省最重要，因为现实生活中没有如来佛祖能帮助你，而且心魔的本领和自己不相上下，心魔不除，那其危害可能会毁掉所有曾经的贡献。

41

孙悟空的启示之八

在前几篇的启示中，我们重点谈了孙悟空成为业务骨干之后在职场中的一些困境和变化，但孙悟空怎么从一只普通石猴成长为本领奇大的神猴似乎对青年人更有意义，所以此文我们先对孙悟空成为美猴王的过程做个剖析。

成为猴王应是改变孙悟空命运的第一个事件，当众猴儿发现溪水的源头是一股瀑布飞泉时，就有猴儿提议："那一个有本事的，钻进去寻个源头出来，不伤身体者，我等即拜他为王。"之后才有了石猴儿应声，钻入瀑布中发现了水帘洞，也就顺理成章地成为猴群之王。此事件对职场中人的启示是成功不仅仅是把握机遇，更重要的是担当机遇。传统的机会理论总认为机遇稍纵即逝，所以不可控，而且认为机遇只是单独针对某人的一次上天赐予。但孙悟空成为猴王的例子告诉我们，机遇更多的会公平地出现在群体中每个人的面前，对于此种机遇就不是一个把握的问题了，而是一种担当。

此时的担当实际上又引出一个机遇成本的问题。为什么我们总在说把握机遇，这是因为针对个人的机遇如果错失了，是没有风险或成本付出问题的，只是会损失未来可能的收益。正是因为没有失去的风险，我们才会容易错失机遇，此逻辑不易被理解，实际上这就是"生于忧患，死于安乐"的原因所在。而摆在公众面前的机遇就有风险成本了，还是以孙悟空探水帘洞为例，石猴和所有其他猴子一样面对公共机遇时都有犹豫，因为问了三次谁敢前去探险，石猴才站出来应答，说明孙悟空当时也在权衡风险与收益。收益简单，会成为猴群之王，但风险则有两个：一是生命安全，二是出尔反尔。即探险可能丧命，而且即使成功，猴群可能推翻此种选猴王的游戏规则。正是由于风险的存在，我们才要提出担当机遇的两种品质：一是勇敢，二是信任。

对于勇敢容易理解，但围绕信任话题还可以再说道说道。在没有制度保障的前提下，我把民间交往中的信任划分为一对一、一对多、多对一、多对多四种情况。一对一就如我们所说的"人心隔肚皮"，其信任基础一定要基于过往的经历，所以陌生人之间基本不存在信任。多对多时由于双方决策基本都会基于民主原则，所以一般不会存在信任问题。针对信任问题最难处理的是一对多、多对一两种情况。关于一对多的故事最典型的莫过于曹操"宁教我负天下人，不教天下人负我"的名言，曹操沦为百姓心目中的奸雄最主要原因正出于此。我不会像易中天老师那样去分析此话的前后背景，但此话留给普通人的印象就是在一对多的情况下，曹操选择了不信任。所以孙悟空的正例和曹操的反例已经告诉我们，在职场中，即使没有制度保障，个人也应该选择相信群体，对群体公开承诺的怀疑只能使个体丧失机遇，而且还可能会成为千夫所指。那对于多对一的情况又如何呢？《西游记》中石猴向群猴描述水帘洞内既安全，又是神仙洞府后，请注意群猴的表现："众猴听得，个个欢喜，都道：'你还先走，带我们进去，进去！'"这说明群猴看到孙悟空全须全尾儿出来后，依然不是完全信任个体，还是要求其打头阵。而这也正说明了群体面对个体的不信任是一个理性的选择。群体信任个体成功的例子不是没有，但其惨痛的教训远远比成功的个例多得多。人类历史中每一个独裁者出现的基础都是群体对个体表现出了无限信任，然后就是独裁者由透支到挥霍再到辜负群体的信任。所以在人际交往和社会管理中，群体对个体永远不要以信任作为基础原则，而是要建立以不信任为基础的监督制度。

石猴能够摆脱自己另类的出身，去掉"石"字而成为美猴王的故事，不但启示我们在成功的路上，勇敢、信任与担当品质的重要，还在提示我们职场中对机遇的重新理解。在我们成长过程中，学生时代的目标感很强烈，考最好的小学、中学、大学，为自己储备技能，所以此阶段往往没得选择，只有努力最重要。但职场中的目标感已不是特别强烈，很多人更关注的已不是目标，而是生活方式，所以此时的选择比努力更为重要。而选择则意味着对机遇的把握与担当，以往在机遇出现之前，我们总是说要加强自身的本领建设，做好准备才是最重要的工作。但孙悟空由石猴成为美猴王的故事又在启示我们，职场中的机遇其实无处不在，而且很公平地摆在所有人面前，此时识别机遇，做出选择的意义更要大过本领准备，而识别机遇的能力则是来源于由勇敢与信任组成的担当的品质。

42

孙悟空的启示之九

孙悟空由石猴儿成为美猴王之后，通过组织和管理，使得乌合之众般的猴群有了一定战斗力，不但有了水帘洞作为大本营，而且也不再受其他凶禽猛兽的威胁。但美猴王此时并没有满足于当下的小康生活，马上发现生死轮回依然是个潜在的威胁，所以才决心跨海寻仙。

如果用现代职场角度看待美猴王的举动，那我们可以从孙悟空身上发现强烈的进取心、危机意识和刻苦求学三个重要品质，这对他后来成才有着关键的影响。请注意，孙悟空成为美猴王之后的生活已经是非常舒适安逸了，也算得上功成名就，成仙、长生不老在凡界是妄想，但在梦幻世界中则是一个务实、艰苦卓绝的行动目标，如果没有强烈的进取心，当然会满足于花果山小富即安的幸福生活。只有进取心才能帮助我们随时发现危机，面对职场中潜在的危机，很多人怕苦怕累，或者存有侥幸之心，总之不想找或找不到解决途径。所以有危机感之余还要配合上孙悟空刻苦求学的解决路径，才能在职场中有更为长足的发展。

费尽千辛万苦，美猴王终于拜在菩提祖师门下，并正式得名孙悟空。那么孙悟空是怎样做到最晚入门，却又得到神仙师父的真传呢？我们还是回到原文，在菩提祖师闭关数年后开始讲经说法的论坛上，"孙悟空在旁闻讲，喜得他抓耳挠腮，眉开眼笑，忍不住手之舞之，足之蹈之。忽被祖师看见，叫孙悟空道：'你在班中，怎么颠狂跃舞，不听我讲？'悟空道：'弟子诚心听讲，听到老师父妙音处，喜不自胜，故不觉作此踊跃之状。望师父恕罪！'"对此现象我们以往的解释是：孙悟空天资聪颖、悟性高，而且性格外向，所以喜形于色吸引了菩提祖师的注意。但我以为还有深意，孙悟空在求仙途中和拜师之后的数年间一直都在学习礼法，而菩提祖师最初看到孙悟空听课癫狂跃舞的表现显然是不满意的，所以当时的孙悟空更可能不是情不自禁，而是刻意夸张表现而引起老神仙注意。对此我们用职场现象做个解释，菩提祖师相当于一个大单位具有绝对权力的领导，领导往往是面对成千上万的人。菩提祖师虽然徒弟只有几十个，但他经常不下基层，往往好多年才出面一小会儿。而且菩提祖师式的领导的注意力就代表了其单位组织的行政资源，即该领导的注意力在哪里，行政的种种资源就倾斜到哪里。所以孙悟空作为排名最后的徒弟，唯一的选择就是利用各种方法在最短的时间内引起神仙领导的注意，这才有了在听领导讲话时手舞足蹈的表现。而且孙悟空当时的智慧正在于把握好了既引起注意而又不会形成负面效果之间的尺度。我们再设想一下现场，都是拜神求仙的弟子，数年才听菩提祖师一次讲话，哪个不是格外认真，哪个不是绝对认同，哪个不是深有感悟？但如果孙悟空也毕恭毕敬地听讲，不是使用盘外招出奇表演，那怎么会有发言解释的机会，自然就更没有之后的单独对话了。可能有同志担心，孙悟空会不会因为制造吸引力，而菩提祖师不给解释机会就直接将他轰走呢？确实有此风险，但对于一个修行十几万年的神仙而言不会只有如此气量，而且如果该神仙气量如此之浅，继续追随其学艺的意义也就不大了。

我们再看看孙悟空与菩提祖师之间的对话。"祖师道：'你既识妙音，我且问你，你到洞中多少时了？'悟空道：'弟子本来懵懂，不知多少时节。只记得灶下无火，常去山后打柴，见一山好桃树，我在那里吃了七次饱桃矣。'祖师道：'那山唤名烂桃山。你既吃七次，想是七年了。你今要从我学些甚么道？'悟空道：'但凭尊祖教诲，只是有些道气儿，弟子便就学了。'"此段对话孙悟空利用打柴、吃桃的生活细节巧妙地运用一个问题多角度展现了自己的优点：一是报告了没有时间计量的客观事实，排除困难同时并没有显示出度日如年的焦躁；二是介绍自己"常去山后打柴"，说明热爱并尽职尽责地做好本职工作；三是通过吃桃子反映自己生活朴素并回答了已学道七年的事实；四是通过"只是有些道气儿，弟子便就学了"的极低诉求使得神仙领导不得不现场表态。由此又启发我们，高级别神仙或领导往往不会一个问题接一个地提，所以汇报者应借助某个提问尽可能地传达尽可能多的正面信息。

所以到目前为止，我们发现孙悟空成才之路上除了具备进取心、危机意识和刻苦求学三方面的素质之外，给我们更重要的启示是：对于职场中的机遇，不但要懂得把握自身机遇，勇于担当公共机遇，更要有创造直接机遇的意识和技能。下文我们再根据原著，从职场角度继续解读。

43

孙悟空的启示之十

上文说到孙悟空通过创造机遇，并顺势向菩提祖师提出了极低的需求（"有些道气儿，弟子便就学了"），在众弟子面前，老祖也只能开出神功目录，问孙悟空到底要学哪种？菩提祖师依次提出要教孙悟空"道"字门中三百六十傍门里的"术""流""静""动"四门，悟空皆以其不能长生不老而拒绝学习。读到此处，我们一般都会鄙夷猢狲出尔反尔的无理与贪婪，但孙悟空的智慧正在于此。虽然最初表达的需求很低调，与后期讨价还价的表现不相称。但从中国传统含蓄文化的角度看，提高需求也是可以理解的，面对层级相差如此之远的两极，有些撒娇也不失为一种活跃气氛。更为重要的是，此时尴尬的并非是孙悟空，试想在所有徒弟面前，菩提祖师拥有三百六十门技艺却不能满足一个最低级弟子的需求岂不尴尬？这才有了祖师手持戒尺在悟空头上打了三下，走入里面，关了中门，然后就是孙悟空三更天从后门入、学艺成神的故事。

我曾对此段百思不得其解，在头上打三下就是三更天？关上中门就是让走后门？戒尺的职能就是教育弟子，用体罚的工具暗示爱心"小灶"似乎不合情理？而且老祖入室肯定应关上中门，不然就是暗示悟空直接从中门入？后来才知此故事的原型出自真实历史中禅宗五祖弘忍与六祖慧能的机缘。五祖弘忍在选接班人时曾要求众弟子各做佛偈以明心智，当得知慧能的偈语是"菩提本无树，明镜亦非台。本来无一物，何处惹尘埃"时，五祖大骇，便亲自到舂米房考察最底层的杂工慧能。于是充满玄机地问："米熟了没有？"慧能答道："米早熟了，只差没有筛子（"筛"同"师"）。"五祖用拐杖在碓上敲了三下走了，慧能会意，三更时来到五祖住处学习《金刚经》，后来大悟。

以上禅宗五祖、六祖的禅机故事就合理得多，也能帮助我们更好地理解孙悟空和菩提祖师学艺的暗语。因为当时禅宗内部并非是清净之所，围绕达摩袈裟为正统的六祖之争也极为凶险，所以为了保护慧能的安全，五祖先是公开否定慧能的佛偈，后是亲自独自考察，然后才制订暗号，暗中传授，慧能得道后依然是偷偷离开湖北黄梅回到广东，若干年后才公开身份继承正统。《西游记》中没有了佛偈的铺垫，孙悟空仅凭撒娇使性儿而参悟暗语确实有些突兀。但从仙界同理凡世的道理看，菩提祖师出于安全考虑，暗中教授孙悟空神技也是符合逻辑的。

如果我们姑且不管五祖、六祖之间的故事，仅从职场角度解读孙悟空参透暗语，也能得到另一种启发。其实三更天走后门学艺反映了孙悟空成才的另一个重要品质，即舍我其谁、勇于试错的精神。当夜三更时分，其他师兄弟睡熟之后，原著写道："他从旧路径至后门外，只见那门儿半开半掩。悟空喜道：'老师父果然注意与我传道，故此开着门也。'"所以说孙悟空对自己的参悟也不是十分确定，但本着舍我其谁的自信继续为自己创造机遇。说到此，我们就要探讨一下什么是自信。我们往往以为自信就是自己对自己充满信心，但这其实只对了一半，因为自信本是褒义词，此种解释与贬义词的自大没有区别。所以说真正的自信是自己对自己的信心，还要使对方感觉到并认可，不能感染对方的自信在他人眼中永远只是一种不成熟的自大。在职场中，我把自信分为能力自信和态度自信两种。能力自信容易理解，正所谓"没有金刚钻，别揽瓷器活"。但态度自信则容易被我们忽视，再回到孙悟空的例子，拜师学艺本来就是为了增强能力，所以能力自信并不需要，重要的是智力水平正常，学艺要的只是态度自信。记得古希腊有个故事，一个年轻人问一位智者："应该如何学习才能成功？"智者把年轻人带到海里，然后用力把年轻人的头按入水中，年轻人用力挣扎才浮出海面，愤怒吼道："你想淹死我吗！"智者回答："就像你想要呼吸那样，学习就会成功！"所以说孙悟空是否参透暗语并不重要，重要的是强烈的学习渴望，大胆的假设和虔诚的态度，这三者所组成的态度自信就一定能被菩提祖师感觉到。所以看到三更天前来，静静跪在床前的悟空，至于之前是否有什么玄机暗示已经不重要了。

在表现出态度自信的同时，孙悟空还表现出了敢于试错的精神，即使菩提祖师打三戒尺时并没有任何暗示的意思，孙悟空自作多情地前来学艺又有什么损失呢？在生活中，会有老师刁难、侮辱好学的学生吗？即使孙悟空完全猜错了，也只不过是一次失败而已，正如《中国合伙人》中成东青所言："失败并不可怕，害怕失败才真正可怕。"勇于试错绝不只是一种勇气，其背后支撑着的是一种信念和对成功的强烈追求。

以上仅是我对孙悟空的成才之路从职场角度做的一些解读，希望对青年人有个借鉴。

44

孙悟空的启示之十一

纵观我关于孙悟空启示的前十篇文章，实际上都没有回答一个问题，即孙悟空到底为什么要跟随唐僧不辞艰辛地到西天取经？表面看此问题好像无需回答，但请注意，从职场角度看，学艺归来的孙悟空在花果山占山为王，下辖群猴四万七千余口，其他各路七十二洞妖王也拜在其门下，所以孙悟空实际上可以算是一个有一定规模公司的老板了。而跟随唐僧取经类似在一个小皮包公司创业时只是唯一的员工，队伍壮大后也只是当了一个前途渺茫而且艰辛的五人小公司的二把手。

对此，我们往往理解为两个原因：一是孙悟空为了从五行山下脱身不得不答应观音菩萨保护唐僧到西天取经；二是因为不服管，孙悟空被戴上金箍后不得不追随唐僧到西天，因为只有如来佛祖会念松箍咒。此两种说法都欠推敲，孙悟空最初可能是想尽快从五行山脱身而同意加入取经团队，但途中至少有两次唐僧真心要炒掉他，孙悟空完全可以以此作为顺理成章脱离小公司的理由。当然有人说此时孙悟空已戴上了金箍，并不真正自由。这有些道理，毕竟孙悟空保护唐僧取经、送经书到长安后，在接受斗战胜佛的尊号时还在惦记着金箍。但就算五行山的压迫和紧箍咒的限制是孙悟空参加取经团队的原因，也都属于外界因素。对于孙悟空如此有智慧、有主见、有理想的职场人才而言，找到其内心最自发的取经因素才至关重要。所以我们应把目光锁定在孙悟空从五行山下解脱之后到戴上金箍之前的这段时间。此时发生的著名事件是孙悟空一口气打死了六个拦路强盗而与唐僧发生了第一次关于生命价值观的剧烈冲突。

也正是在孙悟空第一次脱离唐僧出走的过程中产生了一个容易被我们忽视的细节。被压了五百年后重获自由，孙悟空第一次旷工并没有回老家，而是去拜访花果山老家的邻居——东海龙王，说明此时孙悟空为其前途也很纠结。更为重要的是，龙王借助秦末张良与黄石公"圯桥三进履"的故事，巧妙地表达了神仙职场中贡献与修成正果之间的辩证关系。特别是这一句："大圣，你若不保唐僧，不尽勤劳，不受教诲，到底是个妖仙，休想得成正果。"确实触动了孙悟空心中的隐痛。由此可见，被压在五行山下的五百年间，孙悟空确实思考了很多问题。当年可谓才华横溢的有志青年初入职场，闹龙宫和阎王殿反而得到了弼马温的底层职位。一闹天宫反而官至齐天大圣，二闹天宫虽然受挫被擒，但通过炼丹炉的磨炼，却又多了火眼金睛的本领。随着数次越闹访越获利的阳性强化，这才有了三闹天宫时想取代玉皇大帝的妄想。

我们不知道五百年间，孙悟空到底在思考什么，我们可以基于人神同欲的假设，用马斯洛五层次需要理论解释下孙悟空之前的各种行为动机。石猴成为美猴王虽然地位提升了，但实际上只是解决了衣食住行无忧的生理需要；拜菩提祖师学艺求得长生不老解决了安全的需要；重做美猴王后广交牛魔王之类各路妖仙也只是满足了社交的需要。所以说，孙悟空同意上天入职是希望得到正统神仙世界的认可，而数次大闹天宫都是为了满足尊重的需要。由于没有达到怀有梦想、追求理想的自我实现层次，才会出现三闹天宫中所表现出导致自己接近毁灭的自我极度膨胀。由此可见，五行山下的孙悟空思考最多的是如何完成五层次需要理论中的最高层次——自我实现的问题。当发现处于巅峰状态，一个筋斗十万八千里的自己居然逃不出如来佛祖的手掌心，被"神外有神，仙外有仙"震撼的同时，孙悟空对正统神仙世界的严肃秩序有着刻骨铭心的警醒。

通过以上分析，我们大胆假设五行山下的孙悟空完全与那只被所罗门王封在瓶子中丢入大海的魔鬼不同，并没有在挫折中用仇恨咀嚼时间，用报复作为希望。相反孙悟空把修正个人价值观，融入神仙社会作为大框架，并在体制中设定了自我实现的梦想，虽然当时并不具体，也没有实现的路径。但得到保护唐僧西天取经的具体任务后，加之东海龙王借张良的故事适度点拨，孙悟空才真正自觉自愿、由衷地形成了以"不做闲散妖仙，加入体制修成正果"为自我实现的理想，并以放弃目前大公司一把手的位置，追随唐僧，加盟西天取经小团队，准备重新创业，以历尽千辛万苦、千难万险为具体路径作为实现个人梦想的方式。

45

忘记的艺术之一

《史记·魏公子列传》中记载了著名的《信陵君窃符救赵》的故事，而且被编入了中学课本。当我们传诵信陵君救人之困的义勇精神时，往往忽视了文章的结尾。信陵君偷了祖国魏国调动军队的虎符，已是死罪，杀了国家的将军又是死罪，即使救了赵国，战略上对魏国有利，但他自己还是不能再回魏国。当信陵君决定留在赵国时，赵王要赠予信陵君五座城池，信陵君知道后很是洋洋得意。此时信陵君的一个门客对其说了一段话："物有不可忘，或有不可不忘。夫人有德于公子，公子不可忘也。公子有德于人，愿公子忘之也。"意思是：有的事情不能忘记，有的事情一定要忘记。别人对自己之恩不能忘记，但自己对别人之恩一定要忘记。信陵君听后恍然大悟，以后自然低调、幸福地生活在赵国。

感人之恩，不管我们能不能做到，至少这个道理我们都听过，但我们是不是懂得忘己之恩呢？

首先，我们要分析一下中国文化中"恩"是什么。很多人简单地认为"恩"就是对别人的帮助，实际上这只对了一半。请问借钱与人和给钱与人都是一种帮助，但中国文化中哪一种更像是有恩于人？当然是给钱与人。借钱与人我们称之为"债"。所以"恩"与"债"本质上都是对人的帮助，其差别是要不要还！中国文化中的"恩"还有一个特点，它以被感知的形式存在，即只有对方感觉到了才是"恩"。比如，我们经常听到有人说"您有恩于我"。但很少有人说"我有恩于你"。所以我们平时所说的感恩实际上是两重意思：一是感觉到有恩存在，二是心中的感谢和感激。至于行动中能不能表现出来则是后话了。

综合以上两方面因素，我们发现中国文化中的"恩"，如果施恩者不能主动忘记，必然有图报之嫌。而受恩者如果时时感觉到有恩要还，那么此恩与其说是"恩"，不如说更多的是"债"！请注意"恩"与"债"在我国文化中是多么大的差别！恩公可能会被世代供奉，债主可能连命都保不了。试想上文中的信陵君如果天天表现出想施恩图报，而且他施的恩又大得无法报，那赵王的胸怀即使再宽广，恐怕也容不下他几天。

以上还只是推测，我们再看看三国时期名士许攸的例子。许攸在官渡之战的最紧要时刻投奔曹操，并献计偷袭袁绍的粮草基地乌巢，这对官渡之战的结果——曹操以少胜多打败袁绍，起到了至关重要的作用。作为官渡之战头功的许攸正是不懂得忘己之恩的道理，所以事后总是居功自傲，口无遮拦，结果被深深领会领导意图的许褚杀了。

谈古的目的还是要论今，忘己之恩并不只停留在古代的典籍中，实际上这也是普通人际交往的重要技巧。更重要的是信陵君、许攸时代的"恩"在当今社会有没有什么变化。许攸的例子已经说明"恩"在社会任何机构中更多时候是以"功劳"的形式出现。在一家一姓之天下的王朝时代，有功之人也可以看为对其主人有恩。但在今天的社会各种组织机构中，其实"恩"与"功"之间的界限越来越模糊。所以今天在体制中不能理解忘己之恩的同志实际表现为不能忘己之功。严格来讲，"功"与"恩"确实有些不同，虽然施恩图报有些争议，立功受奖可是天经地义的。但遗憾的是，工作中我们不少同事立功也受奖了，可还是对自己之功念念不忘，有的总是感觉奖不抵功，有的甚至想一辈子吃一件事。当然，我们已不是在黑暗的旧社会，有功忘不了也不会引来杀身之祸。但人际交往的基本原理不会变，任何组织、领导或者上级都无法接受一个躺在功劳簿上下不来，睡在功劳梦里醒不了的人。如果"功"确实太大，必然还会转化为单位、组织的"债"，如果"功"不足以大到无法褒奖，只是个人觉得奖得不够，那么"功"即成为组织的"祸"，结果自然可想而知。

在现代社会组织中，当有人对自己之功无法释怀时，受伤害最大的还不是组织，而是个人。许多沉浸在过去之功的人都有一个共同特点：他们都习惯于向同事不断重复，当年某一件事，自己处理得如何得当；当年的某一项活动，自己表现得如何出众；当年的某位领导，对自己如何赏识，等等。满足是一种幸福，但进取的动力更多时候来源于渴望，而忘记又是不断进取的重要环节，因为只有不断忘记成绩，才能有对成功的渴望。有时我们可怜一个人往往不是因为他误以为自己是一个应该骄傲的人，而是他还在以为自己是曾经的那个应该骄傲的人。

"恩"与"债"，"功"与"祸"虽然都是天壤之别，但实际上又只是在施恩者、立功者的一念之间，受人之恩当然没齿不忘，但施人之恩还是早忘早好；对有功之人组织必须论功行赏，而有功本人最好还是懂得忘记的艺术。

46

忘记的艺术之二

上文我们谈了如何在人际交往中学会忘恩，以及在工作中如何懂得忘功的问题。今天我们继续谈在实际工作中如何忘情。当然我们也受过各种教育，要求在工作中如何铁面无私、秉公办事等，在这种情况下确实要忘记各种感情，包括亲情、爱情、友情、交情之类。但我此文中的"情"可不是指亲情、爱情，而且也不属于公平、公正执法等范畴，只是想提醒大家，在平时的工作环境中，有些友情和交情还是忘记的好。

记得曾听过余世维老师的一个讲座，对其关于中日企业管理中的一些现象对比印象颇深。比如有三个人同一天到一家企业工作，平时关系很好，几年后其中一个因为工作表现好被提拔为该部门主管。这在中日企业中都是常见现象，但接下来的事情中日不同文化背景表现出的差异可就大了。日本企业经常是正式任命的前一天晚上，三个人在一起吃饭。吃饭中，另外两个人要站起来向被提拔的同事敬酒并表态：虽然以前大家是同级，可以随便一些，但明天以后地位上属于领导与被领导关系，我们一定全力支持您的工作，还请您以后多多关照之类。日本企业中的同事会在工作时间对新领导表现出比别人更多的尊重，好像把他们几年来一起工作的友情全都忘记了。类似的事，类似的话，在中国企业中可能也会发生，但第二天的表现可绝对不同。

我们通常第二天另外两个同事像什么都没发生一样，工作时间也继续和新领导保持着亲密的友情，继续和新领导打打闹闹，可能还会继续喊"小黑""狗子""傻子"之类的外号。此时最尴尬的是新领导，会暗示、明示两个老朋友：现在不能再喊外号了，或是不能再没大没小了。那两人很可能会满不以为然地说："哟，哟，哟，还跟真事儿一样，你真把自己当头了！"以后的发展无外乎两个结局：一是领导一再忍让，两个老朋友也稍稍收敛，朋友关系还能继续；二是领导无法容忍，老朋友也继续随便，最后朋友也没得做了。

类似情况并不只是发生在企业里，在行政系统中也是一样。这种现象背后当然和中国讲人情的社会文化有着密切的联系。但我们不能说其他国家文化就不讲人情，所以导致这种现象的原因更多还是职业素养问题。由于我国企业和行政机关都比较缺乏对管理的进一步探索，所以员工普遍都缺失了职业化这一重要环节。人长大后进入社会，才逐步学会人际交往的各种能力，包括懂得显规则、潜规则等，对此过程，心理学称之为"人的社会化"。但人参加工作后，实际上还应有个职业化的过程，毕竟职业化和社会化还是有很大不同，职业化绝不仅限于对工作内容的了解和熟悉，还特别在培养从业心态、职业价值观等方面有着极为重要的作用。对此，在我国基本上只有军队还保留着这个传统。当然，我们很多企业、行业也已经注意到此问题，各种围绕职业化的入职培训也在逐步开展。

职业化是个大问题，以后再专门讨论。为什么我在文章开头提出要在工作中忘记交情和友情呢？实际上就是针对上述现象。我们经常在背后议论：谁谁谁当了官以后，整个人都变了，把朋友都忘了，等等。这当然有可能，但还有一种可能是我们在应该忘记交情的场合之下没有忘记。比如，老同学做了自己单位领导后，为了表示和该领导熟悉，我们还总不经意地向同事散播领导以前的一些糗事；或者认为自己和领导有老交情而放松对自己的要求，所以有意无意地违反制度；或者被该领导批评时，心里极为不服气，想说：你装什么装！你是什么变的，我最清楚！等等。所以，为什么领导会忘记以前的友情？因为我们没忘记。试想，如果我们忘记了以前的友情，在工作时比其他人表现出更多的尊重，更加带头执行命令，更加维护领导的威信。以后有条件帮助你时，领导自然会记起当年的交情，相反，如果我们总是忘不了，那只有领导忘记了。因为不可能上下级在工作领域或是上班时间同时都记住他们之间的交情，这样工作肯定没法开展。

我曾经感慨，大概人过了三十岁后，学会忘记好像比学会记忆更重要。

47

忘记的艺术之三

在前面两期的"观点"栏目，我已经谈了"忘功""忘情"的作用，此文将继续探讨在公安工作中"忘我"的意义。忘我工作的话题，早已是老生常谈了，但我们之前理解的忘我工作，普遍侧重于如何不怕苦、不怕累、有家不回，甚至是为了祖国和人民的利益而不惜牺牲生命等方面的自我牺牲精神。比如董存瑞、黄继光等光辉形象，都是自我牺牲精神的典范；雷锋的螺丝钉精神又教育我们要"干一行，爱一行"，强化个人服从组织，等等。

但是，这些以牺牲自我为基础的"忘我"，理想主义色彩太浓，对绝大多数人而言，只能是在情感层面认同牺牲精神，而在实践操作中并不能达到这一高度。随着改革开放的发展，各种思想不断涌入国门，"忘我"的理想主义也受到了挑战，在实际生活中，不少人更愿意拥抱与其利益最相符合的理论。

我此文的"忘我"，并不是要重回忘我牺牲精神的理想高度，而是针对一些很常见的给人们合作造成障碍的工作现象，并提出针对这种所谓"忘我"的改进方法。我认为应当纠正的这种"忘我"，实际上是一种"我"字当前的思维反应定式。

那么，什么是"我"字当前的思维反应定式呢？我认为，它在工作中的具体表现有：遇事先想"我能得到什么""我有什么责任""领导怎么看我""我怎么总这么倒霉""凭什么总没我的份儿",等等。还有不少同志在汇报工作时,总喜欢说大段的开场白,总是要突出此工作如何如何难做,其他人或部门如何如何不配合,等等,其中的潜台词当然是自己如何如何能干。在"我"字当前的思维模式指导下的工作表现可以归纳为:好事抢,坏事闪,难事躲,烦事推,大事等,小事拖。实际上,这一系列现象折射出的都是以个人利益为核心的思维方法,对团队合作、部门关系造成各种障碍。于是,不少上级领导或是部门主管的精力都不得不用于平衡下级关系,协调各种利益,区分责任,有时甚至只得披挂上阵,如此一来,领导们自然少有时间对部门未来发展做战略性的考虑。

在警队里,发现问题不是目的,重要的是结合公安工作,我们应如何解决此问题,如何培养"忘我"的思维模式。我推崇的"忘我",不是要求所有人都能勇于自我牺牲,而是一种"工作第一,自我退后"的思维模式;是不要把个人利益或是个人面子纠结于工作之中的一种态度。

我认为,要实现"自我退后",民警首先要做到的是遇事不要纠缠于对与错。对错明晰好像是原则性强、实事求是的表现,但请仔细回忆一下,我们既往的对错之争多数出于两个目的:一是无意义的自尊心,二是对事后承担责任的担心。

关于无意义的自尊心,是指我们在辩论中经常执着于谁是对的,而不是什么是对的。我们经常在潜意识里把自我和事件的对错捆绑在一起,结果是经过很多次面红耳赤的争论,却对工作毫无意义,合作的基础是融洽的氛围,连有如此强的纽带连接的夫妻关系,如果事事争对错都可能维持不了多久,更别提工作关系了。而且,我们还有的同事经常不经意地强调："我早就说了吧！""还是我说得对吧！"这种事后对事态发展没有一点帮助的话，却恰恰对合作关系破坏最大。我并不是一味鼓励和稀泥的工作态度，但在我们这种人人都习惯于"我"字当头的思维模式下，要想有一个好的干事氛围，只能先把无意义的自尊心放一放，而专注于事情成功对所有人共同的意义。

关于对事后承担责任的担心，为此强调对错似乎有道理，但在行政实践中，追究责任的力度往往取决于事件最后的影响程度。如果我们在推卸责任方面耗尽了力气，伤透了和气，必然错失消除事件影响的大好时机，而且也没了全力合作处理问题的基本氛围。

此外，我们在工作中容易忽视一个最简单的道理——领导只会用能解决问题的人。而解决问题的第一要务则是专注于问题。试想，在突发事件之前，我们却急于先解释事件缘由，千方百计撇清自己的责任，这完全是一种辩护式的思维，而领导的第一反应却是如何处理问题，并不是要区分什么责任。所以，这时候领导不但没精力去解决问题，反而会被下级辩护式的思维扰乱了思路，这种解释对事件处理必然产生负面影响。相反，如果我们能在突发事件面前专注于"工作第一，自我退后"的思维模式，积极献计献策，通过各种努力解决问题，那不管事件的结局如何，至少我们在工作态度方面能给领导留下一个正面的印象。

我认为，如果民警们能达到牺牲式"忘我"的思想境界，当然是时代所需，但如果能在工作习惯方面把"我"的位置摆在工作之后，也不失为一种职业化的工作态度。

小河马的梦想

有这样一个寓言：有一头小河马觉得自己样子很丑，小伙伴们都不喜欢他，所以他决定要改变。他先在自己身上画上斑点，想变成一只豹子。但伙伴们依然嘲笑他。于是他又在身上画上条纹，看着像一匹斑马，可结果还是一样。这时小河马发现他就是一头河马，所以坦然地接受了现实，从此快乐地生活。读到这里，可以发现寓言要教育我们学会接受现状，懂得调整心态而面对生活。但我很不以为然，小河马为什么这么早就放弃了呢？如果我是小河马，我还要继续画上翅膀！

近几年，深圳警队大量增加警力，许多青年民警走上岗位，面对严峻的治安形势，我很担心年轻人过早地学会小河马思维，所以想提些建议。首先我要问为什么同样的学校毕业，从事几乎同样的工作（可能部门不同，但大同小异），为什么以后走的路越来越不同？

纵观人生，谁都会遇到几次大的社会筛选，小学到中学、中学到大学是至关重要的两次，但这两次还是智力因素起主要作用。再往后智力作用越来越小，为什么你去不了中科院或研究所？同在公安队伍中，智力已差别不大。所以智力因素不能解释为什么同学之间差别越来越大。情商、机遇当然都很重要，但如果把时间放大到十年以上，在情商、机遇等方面所有人也基本公平。因为毕竟谁都遇到过机会，谁都面对过挫折。

那是什么因素造成各自发展的不同？我研究发现，结果不同取决于谁在那个阶段先放弃了。刚毕业时，大家都是意气风发，踌躇满志，公安工作难度不大，有半年可以上手，一年即可熟练。所以一到三年后首先有一部分人先放弃了，他们发现拼命工作没有什么意义，混混也不错，说不定哪天大馅饼一样会砸到他们头上。有一部分人执着工作了五年，突然遭遇一次打击，可能是竞争上岗，或是工作不顺，于是也放弃了。他们可能有一种被骗后突然梦醒的感觉，觉得自己几年努力都白费了，不如喝喝小酒，打打小牌，这样反而生活更滋润。还有一部分人十年如一日地勤奋上进，但可能有一天忽然看看周围的朋友、同事，发现工作生活的方式其实可以很轻松，加之种种其他因素于是也放弃了。

以上三种情况虽然都是放弃，但其结果是不一样的。我文中的放弃并不是说这些人彻底不干工作了，只是他们已不再注意经验的积累，而是安于现状，满足于"当一天和尚撞一天钟"的工作方式。如果都是工作三十年后退休，我们能说他们有三十年的工作经验吗？不能！因为第一部分人只是把一年的经验重复了三十遍；第二部分人也只是把五年的经验重复了六遍；而最后一部分人是把十年的经验重复了三遍。由此我们发现，放弃得越早，积累的经验越少，以后的工作中即便再不断加班加点，也只是简单的重复。这种简单重复更会使人思想固化，从而恐惧新鲜事物和方式，于是自然而然地成为事业发展的阻力。所以工作多年的老警察都应认真地自我审视，工作了二十年，是不断积累经验的二十年吗？还是只是在简单重复着前几年的经验？

实际上，人非圣贤，基本上都会有放弃的意愿，但我们至少可以尽可能延长积累的时限，我特别要建议青年民警不管遇到何种情况，都不要轻言放弃！小河马的思维是一种方法，但成为老河马时再接受现实也不迟,何必这么早去承认本来可以改变的现状呢?人放弃后马上会表现出低迷与怠懈,而且这种情绪会互相传染,很快会在一支队伍、一个部门中像瘟疫一样蔓延。其中个体的表现是发牢骚成为展现才华的方式,无所谓成为个人行为的标准,混成为生活的真经。

相信已经发生的事叫信息,相信未来一两年发生的事叫信任,相信五至十年后发生的事叫信念,相信百年之后发生的事叫信仰。达到信仰的境界确实很难,但至少我们可以对公安事业的发展怀有信任,对时代的发展抱有信念,这样至少我们可以在积累经验的道路上走得更远些。

49

小马的困惑

　　"小马过河"一直是儿童寓言的一个经典，但毕竟相距太久，加之版本过多，所以我们可以再重温一遍：一天母马病了，她要小马把一袋麦子送到不远的一个磨坊。途中，小马被一条河拦住了去路，由于不知河水深浅，所以去请教旁边的一头老牛。老牛说："没关系，水很浅，刚刚到我肚皮。"小马一听很高兴，刚要过河，一只小松鼠马上跳了出来拦住小马大叫："不要过河呀！水很深，昨天我的一个小伙伴刚刚淹死，太危险了！"面对两种意见，小马犹豫起来，不知该信谁的，所以只好回家找妈妈。至于后来妈妈如何引导小马对我们的意义就不大了。

　　近几年，深圳警队新警数量激增，我们很多新警实际上处境和寓言中小马的境遇相仿。任何人身处新的环境，或是从事新的工作都会有一段时间的新奇和紧张，我们都希望知道别人是怎么干的，从而模仿或者借鉴。同时我们又可以发现，不管是生活还是工作中，永远可以听到两种声音。比如，有的老同志告诉你趁着年轻多学些东西，别荒废青春；有的则建议一定要玩够了，这样老了以后才不后悔。有的老警察告诉你赚钱最重要，有的说工作多加班提高快。有的同志讲警察想晋升一定要努力工作，勤勤恳恳；有的说别信他们，多跑跑关系反而实际。面对这些场景，究竟谁是"松鼠"？谁是"老牛"呢？我们必须自己判断，因为已经不能再回家找妈妈了！

　　不久前，深圳警队接连有新警出问题，我研究了几个案例，发现很有代表性。其中有刚从其他地方调到深圳的，有从部队刚刚转业的，还有大学毕业不久的。出问题的新警最大的共性是失去了独立的判断能力。因为他们彼此传递的故事总是某某有多黑心，某某警察如何"赚钱"依然平安无事，等等。同时我们相信还有各种的正面教育也在进行，但他们只是把公正、文明执法的理念当成了"小松鼠"的理论；而不择手段赚钱才是"老牛"的箴言。我们确实处于价值观激烈碰撞的时代，但不代表优良的传统、正义的丧失。

　　以上的事例可能过于极端，毕竟即使是新警，对大是大非的基本判断力还是存在的。其实真正困扰警界"小马"的反而是在小是小非问题上的判断力。我并不想好为人师地在一些相左的观点上下结论，只想一起探讨一下如何才能提升我们的判断力。

　　我们都知道"好事不出门，坏事传千里"的俗语，但没人问为什么。回答这个问题，先要知道为什么我们会传播故事，因为我们相信或者希望故事是真实的。那我们为什么热衷于传播别人的坏事呢？除非自己家人或极个别朋友的好消息才能令我们感到兴奋，更多的是，其他人的好消息只能使我们感到压力。而别人的坏消息却更容易给我们安全感，所以传播坏消息不是我们幸灾乐祸，而是我们乐于在激烈的竞争中处于优势地位。如果听说某某人收钱放人之类的故事，我们很自然地就处于执法中的道德优势地位了，同时也可以为自己以后犹豫是否犯法时找到所谓的事实依据。如果听说某某人是跑官要官得到的位子的故事，我们不但占据道德优势，也为自己的不佳处境发现一些外界因素。所以很多坏故事之所以广泛流传，不是因为它们真实，而是我们潜意识中希望它们真实！于是这形成了我们提升判断力的第一个基本法则：不要因为某件坏事传播广而相信它是真的。

提高判断力的第二个法则是，故事是谁告诉你的。小马过河寓言中，老牛和小松鼠对同一事件的结论不同，归根结底还是他们的身份、地位不同，所以看问题的视角也不同。我们在生活、工作中之所以难于判断取舍，主要原因还是我们无法在人群中凭借肉眼来区别"老牛"和"小松鼠"。所以我们只能把讲故事的人、提建议的人回放到他们所处的大背景之中，这样才可能模糊地看到一个轮廓。为什么我们对老师永远怀有尊敬？不单单因为老师传授了知识，还因为只有老师才拥有最局外的身份，处于最中立的背景，所以给出的建议必然也是最中肯的。由此我建议新入警队的同事们，当你为努力工作还是得过且过犹豫时，只需要看看发表言论的同事是什么样的处境，再问问自己想成为哪一类人，答案自然知晓。

最后我们再用一个比喻结尾：想象你艰难地攀爬到通往峭壁的中途，这时峭壁上的人对你说：再坚持一下！上面的风光好极了！峭壁下面的人同时喊：费那劲干什么！下来吧，和我们一起喝点小酒也很自在！这时你会听谁的呢？

50

谢谢提醒我们的人

　　有一位表演大师上场前，他的弟子告诉他鞋带松了。大师点头致谢，蹲下来仔细系好。等到弟子走后，他又蹲下来将鞋带解松。有个旁观者看到了这一切，不解地问："大师，您为什么又要将鞋带解松呢？"大师回答道："因为我饰演的是一位劳累的旅者，长途跋涉让他的鞋带松开，可以通过这个细节表现他的劳累憔悴。""那你为什么不直接告诉你的弟子呢？""他能细心地发现我的鞋带松了，并且热心地告诉我，我一定要保护他这种热情的积极性，及时地给他鼓励。至于为什么要将鞋带解开，将来会有更多的机会教他表演，可以下一次再说啊。"

　　故事中的大师在其精湛的演技之外，更告诉了我们一个重要的做人道理——谢谢提醒我们的人！我们从小受的教育都是面对表扬一定要戒骄戒躁，听到批评也要虚心接受之类的老生常谈。这些教育本身没有问题，只是在操作的时候忽略了一个重要环节——人性。闻过则喜实际上是圣人的标准，对于绝大多数的普通人没有什么实际意义。但如何面对提醒我们的人倒是一个更具有操作意义的话题。

　　首先，什么是我们平时所说的提醒？提醒绝对不是表扬和称赞，提醒也不是一般意义上的批评。但遗憾的是，我们往往把他人的提醒等同于一种批评，于是本能地表现出极大的防御性。比如如果我们是故事里的大师，听到提醒后，我们一定会得意地告诉弟子："这你就不懂了吧，我松开鞋带是故意的……"所以要理解提醒的含义，先要能区分提醒与批评。

第一，批评往往是对已经发生的事件进行评论，而提醒针对的是尚未发生的事件，目的是希望被提醒人规避风险。为什么提醒他人会更容易得到冷遇呢？正是因为提醒的风险是没有发生的。由于既成事实的错误而批评当事人，当事人最多也就是解释、委屈、怨恨等，但对尚未发生的风险，当事人一般有两种反应：一是心里认为提醒之人小题大做，或是多此一举；二是确实发现此风险还没有估计到，但又不想表现出自己的考虑不周。所以对这两种情况，被提醒的人往往都以"知道了"为由搪塞过去。

第二，批评者的立场往往是局内人，与事件有着利益关系；而提醒者更多时候是局外人。由于批评者涉及利益因素所以批评不一定客观，更可能仅是一种利益的诉求。但提醒者没有利益关联，即建议是否被采纳和事情的结果如何都与提醒者没有利害关系，所以视角可能更中立、公正。

第三，批评者注重于显示一种立场，阐明自己对事件的态度；而提醒者则是表达一种关心，倾向于反映自己的情感。此点既是批评与提醒之间最大的区别，也最容易被我们忽视。正是批评者表达出了立场和态度，我们才必须回应，而且习惯于用否定性的回应。此时我们和批评者都在关注于事件或行为的对与错。但提醒我们的人更多的是出于一种关心，所以提醒本身的情感意义要超过其内容是否正确的意义，即有人提醒你时，他所表达的情感上的关切强于提醒你的内容的对错。否定批评最多给人感觉不谦虚，比较自大，但否定提醒可是对人的情感有莫大的伤害。试想，若是生活在世态炎凉、人心不古的社会大气候之下，能有人出于情感的因素关心我们是多么难得之事。但如果我们简单地以"早知道了"或"你不懂"之类的口吻回绝掉，那么提醒我们的人会有什么样的感觉？

以上我从三个方面分析了批评与提醒之间的区别，也是试图做一个提醒，希望每个人都能对每一个提醒引起注意，同时注意自己对提醒之人的回应方式，特别是不要因为专注于谁对谁错而伤害一种情感。与此同时，我又想问：文章开头故事中的大师仅仅保护了学生的情感和学习热情吗？不止如此，大师也保护了自己的成长环境。

如果我们承认自己年龄增长的同时，也是一个个人能力、阅历成长的过程，那么个人的成长一定也要依托于一个环境，这个成长环境正是由周围人的意见和建议构成的，其中有帮助也有指责。如何保护自己的成长环境肯定是我们自己负责，如果说批评、指责还可能有个人利益的成分，那么提醒本质上则是一种帮助。试想在成长过程中和成长环境里，我们不断地拒绝帮助，当有一天掉到坑里时，我们可能还在抱怨怎么没人告诉自己，但是否反思过自己曾经很酷地回绝了太多提醒，最终自己把自己带到了坑里。不管是为了保护提醒者的情感，还是为了保护自己的成长环境，我都要说：请谢谢提醒我们的人。

幸福与舒服

范伟在《求求你表扬我》中有段经典台词，大意是：什么是幸福？一个肉包子，你吃着，我看着，你就比我幸福；一件皮袄，你穿着，我冻着，你就比我幸福；一个坑儿，你蹲着，我等着，你就比我幸福。当然此电影的目的并不是阐释幸福，但从此段对白在社会上被引用的程度来看，说明我们都认为该理论符合朴素的幸福观。但我要指出该理论也正涵盖了我们许多人对幸福理解的两大误区：一是认为幸福就是舒服，二是认为幸福因比较而存在。

我们不一定明确知道幸福到底是什么，但追求幸福肯定是我们每个人自发自觉的行为。如果把幸福定义为舒服，随即我们的生活目标将自动修正为追求舒服。我们马上会感觉到问题，因为舒服必须以物质基础为保障、为大前提，所以达到舒服的目标实际上是追求物质的共同评价标准——钱，这也就是为什么普通的幸福观普遍认为用钱可以买幸福的原因。把钱与幸福赤裸裸地联系在一起后，问题随之又来，有钱人都很幸福吗？结果不尽然，这结论并不基于有钱人如何经常吐苦水，什么有钱如何痛苦之类。我一直认为这种苦水既恶心又虚伪，因为如果有钱真的痛苦，这问题解决起来太简单了，把钱都捐了不就可以了吗？但几乎没有有钱人如此这般，足见金钱带来痛苦的命题何其虚伪。但同时，也确实发现身边的有钱人并没有我们想象的那么幸福或是舒服，或者说很多生活舒服的人也并不幸福。举个例子，为什么海洛因几乎不可能戒掉？因为海洛因和性高潮一样都可以刺激大脑释放出一种化学物质：多巴胺，而且海洛因刺激大脑释放出的多巴胺是性高潮释放出的 20 倍，这足见毒品的威力。但从没听说，一包白粉，你抽着，我看着，你就比我幸福。由此可见，幸福并不能等价于舒服。

对幸福认识的第二个误区是认为幸福一定因比较而存在。《论语》中的"民不患寡而患不均"集中反映了国人的幸福观，即东西可以少，但不能比别人少。以比较论为基础的幸福观使幸福失去了自身的评价标准，所以幸福不再是客观现实，而是个人感觉。这也是为什么每当我们羡慕别人幸福时，别人也在羡慕他人，好像人人都觉得别人很幸福，感觉自己不幸福。如果完全依赖于主观感觉，比较论的幸福理应是"比上不足，比下有余"，但遗憾的是，我们的心都在比上不足，没几个人能去比下有余。诚然，幸福好像确实难以找到客观标准，但既然有这么多幸福指数的测试方式，可见幸福还是有规律可循的。

我们已经否定了民间朴素幸福观中对幸福理解的两个误区，那真正幸福的本质到底是什么呢？我以为幸福的本质是一种付出后的成就感。此本质又牵扯出两个问题：一是付出什么，二是什么是成就感。关于追求幸福过程中的付出，可以包括智力、体力、精神、情感、时间、信任，等等。其中以母爱最有代表性，由于大自然的奇妙设计，人类有近十个月的妊娠期，加之痛苦的分娩和接近十年的童年，女性在此过程中付出了极大的体力和心力，这绝不是一个轻松舒服的过程，但绝对是一种幸福。同样的道理，科研人员以及运动员艰辛的付出都是一个幸福的过程。幸福本质中的成就感即是艰辛付出后所取得的成果，犹如母亲看到新生儿，科研实验成功，运动员夺得奖牌，等等。

接下来的问题是，究竟如何获得幸福呢？结合对幸福本质的了解，我以为获得幸福可以通过两个途径：一是做喜欢做的事，二是喜欢上正在做的事。为什么辛苦的付出都是一种幸福呢？实际上，就是在做喜欢做的事，这一点比较好理解，也好操作，但最重要的是如何喜欢上正在做的事，这也就是我们说的"干一行，爱一行"。以警察职业为例，我们再抱怨如何累、如何辛苦已经没有意义，只有努力使自己爱上此工作才是解决问题的办法。如何爱上本职工作呢？我们可以引入一个心理学的概念——心锚，听起来神秘，简单来讲就是条件反射。我做刑警时，有一次通过通宵工作，终于和队友们抓到几个命案犯罪嫌疑人，准备往分局带，继续加班审讯。当时大概早上六点，天蒙蒙亮，路上行人不多，有等车的，有赶路的，一切映着晨光都显得很安详。从警几年来，我第一次感到一种莫名的激动，觉得自己的工作非常神圣，虽然辛苦一整夜，还要继续加班，但换来的是群众安静祥和的生活。

其实，警察的生活与工作中有很多真善美的细节，只是我们忙于赶路，或心灵过于物质化，缺乏对工作本身的发现。这还只是以刑警为例，其实治安警调解成功一起打架纠纷也很有成就感；辖区警得到众多群众的尊敬，窗口民警多看几张群众满意的笑脸实际上不都是一种幸福吗？正是在工作的细微处给自己建立了"心锚"，才会逐步爱上自己的工作，从工作本身体验幸福，自己和群众才是一种真正的双赢。

由一个寓言想到的

有这样一个寓言：一个鸡窝里住了一只公鸡和几只母鸡，其中公鸡享有很高的地位，原因是公鸡每天早上打鸣后，太阳就出来了。一天夜里非常寒冷，于是公鸡决定打鸣把太阳叫出来，可是打鸣后，太阳还是没有出来，此时鸡窝里立即炸开了窝，公鸡和母鸡们都觉得世界末日到了，但几小时后，太阳还是出来了。这个故事可以读出讽刺的意味，但如果进一步引申，我们可以发现管理中的类似现象。

我们假设有三只公鸡在三个农场里和三个主人在做一场博弈。甲公鸡所在农场的主人是张三。甲公鸡坚信每天太阳出来是它努力打鸣的结果，开始时勤勤恳恳，但渐渐地觉得自己劳苦功高，而主人张三给的食物总是老一套。在几次抱怨后依然没有改善，于是甲公鸡决定和张三摊牌：如果再不提高待遇，它将罢工，而且因此太阳不出来所造成的一切后果都由张三一人承担！于是东北有了特产"沟帮子熏鸡"。

乙公鸡的主人是李四。乙公鸡一开始也是坚持天天按时打鸣，突然有一天睡过头了，然而太阳依然出来了，而且李四也没有因为它失职而责怪它。所以聪明的乙公鸡马上感悟出一个道理：既然工作结果和我的职责没有关系，而且获得的待遇又相同，我何必每天早起打鸣呢？于是河南道口也有了独特风味。

丙公鸡住在王五的农场。丙公鸡并不关注它打鸣工作和太阳升起之间有没有什么联系，它从小接受的教育就是公鸡早上要打鸣，所以它年复一年、日复一日地坚守自己的职责。逐渐地，王五一家习惯了丙公鸡的工作并产生依赖，仿佛新的一天都要从丙公鸡打鸣开始。于是丙公鸡的生活自然而然地不断得到改善。

我们可以肯定三只公鸡最初所受的教育是一样的，三个主人的智力水平、生活条件也近似，所以一定是三只公鸡不同的工作方式造成了两种不同命运。实际上，职场和农场又有什么不同呢？下面我们用职场中人力资源理论解释一下此寓言。职场中根据员工工作的独特性和贡献大小，可以把所有员工大概分为四类：一是核心员工，即工作内容无法学习，无法模仿，贡献很大；二是通用员工，即工作内容有专业性，但可以模仿，而且贡献很大；三是独特员工，即有一定特殊技能，但贡献一般；四是辅助性员工，即工作内容容易代替，而且贡献一般。在警言警，我们把具体的公安工作岗位和此理论进一步对照。在职场中，第一类基本上指科技研发人员，主要集中于 IT 行业和高端科技产业。警察中没有这类人才，主要因为警察的薪酬制度相对稳定，无法满足此类人才高薪的基本匹配要求。即使警界有同志极为深爱公安工作，在某方面极为钻研，并堪称专家，可以归为第一类人员，那也绝对是少之又少。第二类人员我们可以理解为破案能手、科技能手、材料能手、群众工作能手等。第三第四类是指成绩平平，在各个公安岗位上默默奉献的同志，只是第三类人员比第四类人员多出一些本职岗位并不需要的技能，如有的同志会演奏某种乐器，或擅长主持，虽与自身职位无关，但可以业余活跃一下工作生活气氛。如果我们再把三只公鸡还原到公安工作中，同样有启迪作用。

甲乙两只公鸡的最终命运虽然相同，但其原因是不同的。甲公鸡明显属于知觉错位，它明明在干第四类辅助性工作，却自我定位为第一类专家型岗位，所以必然产生膨胀的欲望。在农场中，它等于自己飞上了餐桌。在公安现实工作中没有如此夸张，知觉错位往往只是一级，即第二类的某方面能手恍惚感觉自己是专家。第三类有些业余专长的同志认为自己业务上突出，应属于第二类，等等。定位一旦自我提升，随之提升的绝对不是责任感，而是立刻生出的对职位现状的心理失衡。此时往往伴随两种情况：其一，牢骚怪话频频，抱怨苦水不断，不管有意还是无意，工作质量肯定下降；其二，直接找上级PK。两种情况经常殊途同归，私营企业是没的干了，政府部门是靠边站了。

乙公鸡自我定位倒没什么问题，在农场中下场悲惨了些，但在职场中，特别是政府机构里，很可能过得很滋润。乙公鸡属于用小聪明给自己谋小福利的典型。机关中的"乙公鸡"很可能只要有领导来检查，哪怕是阴天下雨，太阳绝对不出来，他也一定坚持"打鸣"。而领导不在，他当然会用睡觉的方式把太阳叫出来。如果乙公鸡进一步定位准确，向农场所有成员表示自己乐于现状，与世无争，对不下蛋的母鸡、不产奶的母牛表示理解支持，乙公鸡很可能还会成为民间的意见领袖，农场的状况当然可想而知。今天政府机构中的"乙公鸡"数量不在少数，也不是我们能彻底解决的问题。但身为警察，我们要看到一个趋势。试想这么多国有大企业为什么会破产倒闭？原因虽然复杂，但根源还是管理跟不上，"乙公鸡"一旦形成气候，那还有谁会恪守职责呢？政府机构和国有企业问题是逻辑等价的，只是机关由于少有竞争，所以问题会暴露得晚一些，但对行政机制的改革创新是一种必然，而且已经开始了，目前全国开展的大部制改革进行得如火如荼。所以，我们只能提醒一下还在警界沾沾自喜的"乙公鸡"：第一，千万别认为你的工作状况别人不知道；第二，如果有一天屠刀砍过来，一定要平静！

丙公鸡要告诉我们什么呢？实际上，丙公鸡在用职场中最笨的方法实践着一个最重要的技巧。为什么说是最笨的方法？因为它需要日复一日、年复一年的坚持！为什么说是技巧？因为我们当今职场中的很多岗位取得的成绩和辛苦的工作之间没有必然联系！也就是很多所谓优秀的成绩并不是辛苦工作的结果，比如目前很多垄断行业取得的高额利润与他们辛勤工作有必然联系吗？所以丙公鸡的大智若愚正是在于把持之以恒的打鸣工作与太阳升起之间建立起一种莫名其妙的联系。而且即使主人发现这两者之间不相关时，丙公鸡依然可以对无关紧要的岗位赋予新的内容——我虽然不能叫出太阳，但我能为主人的家庭起到闹钟的作用。所以我要特别提醒那些因为在岗位上辛勤耕耘而又闷闷不乐的同志，是岗位需要你，还是你更需要这个岗位？

以上通过分析三只公鸡和主人的博弈，以及在警察行业的具体引申，无外乎要与广大公安同行共勉——地球没谁都转！太阳没谁都升！努力尽职地工作不是太大的贡献，更多的是警察职业化的基本要求。而且在公安工作职能逐步向服务转变的今天，警察的思维也应随之改变——不是公安职业多么神圣伟大，而是我们到底能为群众做点什么！

53

有才与有用

当听到某某人怀才不遇时，我们经常将其归结于机遇、时代，或是没有遇到伯乐等因素。我们之所以对有才而不遇者充满惋惜，是因为我们把自己投射到了有才之人的角度。但如果站在负责使用有才之人的管理者的立场上，我们自然会问：有才一定有用吗？

此问题的意义在于如何界定有才，如果进一步用现代管理理论解释，实际上是个人才华与岗位要求是否匹配的问题。结合公安工作的实际特点，我们再将此问题细化为三种情况：一、个人的才学是否在实际工作岗位上发挥了作用；二、个人之才能是否符合岗位的要求；三、个人确实有才能，但无法在实际岗位上实现。

第一种情况实际上告诉我们有才与有用是两个范畴。有才侧重于个人水平，而有用意味着岗位需要。此现象在学术界比较常见，因为学术方面有学术研究和成果转化的问题。但在行政体系内往往忽视此问题，我们都在假设有才之辈一定是有用之人。对此我们先从语义分析入手，"有才"重点反映个人的素质，而"有用"则指个人能力的应用，这一点对于一个组织或者机构而言有着天壤之别。比如徐庶进曹营一言不发，徐庶当然有才，但对于曹操而言有用吗？在警队之中我们同样遇到类似的情况，一个刑事技术民警可能在期刊上发表了不少论文，但在具体刑事案件的勘查方面却表现平平。从组织甚至领导的角度看，只能说此人有才而无用。还有很多民警也很好学，知识掌握了不少，但有多少能转化为工作中的生产力呢？最遗憾的是每每有类似情况，我们的民警总是感到怀才不遇，而不会站在组织和领导的角度反思自己的可用价值。也有人认为组织和领导过于功利，只知唯用是举，不能唯才是举。这不属于功利，它是现代社会的游戏规则，因为重用有用之人可以起到对组织有利的导向作用。如果只鼓励有才，那每个人都会只注重积累自己的才学，而忽视对组织的贡献，组织从而要负担极大的培养成本。

第二种情况实际上是在问：我们的才能与工作岗位之间有关联吗？我讲个真实的故事：我大学时有个英语非常好的朋友，大四时他在北京市局刑侦总队实习。有一次研究一个杀人碎尸案，正好发现一个包尸块儿的皮包上有一排英文字母，这时大队长向他招招手。他想这回有机会露脸了，马上跑过去，大队长小声对他说："总队几位领导茶杯没水了，你给他们倒上。"我朋友为此郁闷了很久。但我有一天终于明白了，我朋友的英语才能在他那个实习生的位置上根本不需要！这几个字母很多人都能解决，即使有一天抓到一个外籍嫌疑人，也自然有外事部门派人当翻译，因为他没有执法部门认可的翻译资质。所以我朋友更应该关注实习生岗位上的工作，倒茶水的任务在那种情形下不能算大材小用。其实我们经常忽视另一个检验才能的标准：你的工作岗位需要你的才能吗？这提醒我们公安系统的年轻人，在才不对路的情况下，千万不要自我定位为人才，不然只会像我朋友那样为怀才不遇而郁闷了。只有定位准，才能认识到自己在本职工作上和同事的差距，才能把注意力集中到自己的岗位上。当然想办法到才能合适的岗位上也是一种选择，但还是先以做好本职工作为上策。因为真正才能与岗位不符合的例子很少，如果现有岗位上的问题解决不了，仅靠调动工作去逃避，这需要极大的资源，更重要的是会养成不正视现实问题的习惯。再说这个岗位干不好，何以证明能干好那个岗位呢？

第三种情况是指我们通常所说的眼高手低的情形。在公安实际工作中，不排除有的同志有一定的水平，对工作的大方向有前瞻性，分析问题也是头头是道。但可能正因为站得太高了，总从宏观的角度思考问题，结果在自己的小岗位上什么成绩也做不出来。为什么公安系统领导总在强调执行力？因为确实有不少警察整天在想公安事业发展的战略问题，结果常常是高层领导来想执行问题。眼高手低之人在怀才不遇的圈子里不算少数，对此我们只能回顾中国历史上的著名典故：一屋不扫，何以扫天下？

以上分三种情形分析了在公安系统的工作实践中关于有才与有用的关系。实际上并非只有警察职业关注唯用是举，任何行业对于人才的评价标准大体一致。时代的节奏越来越快，时代的视角也越来越现实，所以每个警察朋友都必须清楚，组织和领导第一关注、考量的永远是警察个体对组织的贡献，而不是其自身内涵的素质。特别是年轻的警察更要注意不要抱怨没人把你放在布袋子里，因为是锥子就必须自己脱颖而出，而脱颖而出的方式正是化才为用。

知识与见识

　　知识与见识在词义上有区别，但又不容易明确地界定它们，所以我们先看看苏东坡在《贾谊论》中是如何解释的。贾谊是西汉初年著名的一个才子，《过秦论》是其作品之一。贾谊的文章和见解当时已红遍大江南北，用现在的标准看是群众公认的、当之无愧的青年政治家。读书人都有一个"朝为田舍郎，暮登天子堂"的梦想，以实现自己的政治抱负。汉文帝作为最高领导亲自面试了贾谊，估计面试精彩程度不会亚于隆中对。一般按我国政治惯例，皇帝接见过的才子必然会马上得到重用。但贾谊由于苦苦等不到提拔通知而愤然出走，途经湘江时又以凭吊屈原抒发不得志的心情，结果不久之后，年纪轻轻的他郁郁而终。

　　我们能因为贾谊的遭遇就认为汉文帝昏庸无能，不能唯才是举吗？汉文帝绝非庸才，其主要政绩是开创了"文景之治"。那汉文帝为什么不能马上重用贾谊呢？对此苏东坡先生分析得非常到位：贾谊本人要负一定的责任。因为当时汉文帝的帝位是周勃、灌婴等高祖时代的老臣从吕后集团手中夺来的。汉文帝不可能马上抛弃这些老功臣，转而拥抱新思想。如果贾谊懂得等待，并注意协调、平衡复杂的朝野关系，时机成熟之后自然有机会施展政治抱负。所以东坡先生对贾谊有最一针见血的评价，也是所有年轻人都需要共勉的："贾生志大而量小，才有余而识不足也。"也就是说，贾谊同志有很大的志向，但气量太小；有很多才能，但见识不足。

通过此典故，我们可以对知识与见识之间的区别有所了解。知识可以增加，但见识需要提升。而传统教育正是侧重于对知识的获取，恰恰忽略了如何提升见识。见识包括一个人的知识面、成长经历、工作履历，等等，它更多的是指人的为人处世之道。所以从根本上讲，知识与见识之间的联系甚至不深，也即一个人可能没什么知识，但如果为人处世很有见识，一样可以在工作中顺风顺水；相反一个人即使再有知识，却疏于见识，同样也会四处碰壁，而且越碰壁越想不通，越钻牛角尖越碰壁，恶性循环。最后甚至会得出全世界都与他为敌的结论，只能通过牢骚怪话来寻求自我表现，或愤愤不平，或玩世不恭。

类似的情况同样发生在公安事业中，当警察知识少点相对来说还是次要的，但没有见识可是关系到和谐发展的大问题。所以我特别要劝告有一定才华的青年民警，特别是已经在某方面工作取得了一些成绩的民警，更要处理好知识与见识的关系，要学会等待的艺术。因为在我们的生活中，类似贾谊的例子依旧时有发生，每每有青年人因一时不如意或从此低迷沉沦，或意气用事，另谋高就。如果不能从见识的层面上认真反省自己，出走也只是一种逃避，能真的解决问题吗？同样的问题在其他单位就碰不到吗？那么，提升见识有没有什么比较简单的途径呢？我认为，其中一个主要的方法是不断地审视自己：是工作岗位更需要你？还是你更需要这个工作岗位？

不可否认，以现在青年民警的知识水平来说，应该会有很好的工作思路，但并不见得会被采用。对此，东坡先生在评论贾谊时也早就指出："夫谋之一不见用，则安知终不复用也？"谋略一次不被采用，怎见得就会终身不被采用呢？而且很多年轻人的思路往往停留在灵光一现

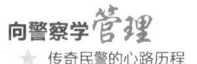

的阶段，需要系统化，并要增加可操作性。这都是我们要对照自我检查的方面。即使你的计划再完善、再可行，每个领导也有自己不同的工作风格，这个领导看不上，没准换一个就欣赏了呢。而且即便同一个领导不同时期也有不同的工作重点，这次他不同意，下次也许就同意了。

知识的增长更多的是在完善个人的能力，但见识的提高却在悄悄调整着个人的态度。没有良好的态度，虽然很有能力，人也很容易失控；暂时缺乏能力，但有良好的态度，人的发展依然可以保持平稳。总之，见识要求我们不能消极，要学会等待，并积极地审时度势，伺机而动。我们常说机会是留给有准备的人的，而见识正要求我们时刻准备着。

第四篇

治之诀

重情重义的隐忧

　　有一次饭局，席间一个下属热烈夸奖一位领导，由衷地称赞他重情重义。我们姑且不论下属此举"擦鞋"的成分有多少，仅从该领导很受用的表情中可以读出，重情重义是他甚至是许多官员心中至高的荣誉之一。但我却对重情重义的官场文化感觉到深深的隐忧。

　　抛开官场不论，在中国民间文化中重情重义确实是一个很高的正面评价。但我们对情与义稍加分析就可以发现"情""义"都是小圈子产物。情可以分解为爱情、亲情、友情等种类，爱情肯定是越专一越为人所称道，亲情限定于亲属的范围，友情虽然可以稍有泛滥，但友情是要凭时间积累的。时间对人最公平，试想一个人就是一生的时间，能和多少人建立友情呢？所以"重情"不管重的是哪种情，实际上都是极少数人得益。我在前文中对"义"有过论述，"义"是个人与朋友圈子之间的产物。而且如果我们评价某人如何讲义气，也肯定是指他帮助了另一个人。所以，所谓重义之人也只是他的朋友们能从中获益。

　　以上分析是要说明重情重义在民间交往中无疑是个优秀品质，但身在官场中的官员如果把重情重义作为为官之道，那就有待商榷了。官员和普通人最大的不同是官员掌握了或多或少的公共资源，而且官员的义务是对公众服务。所以一旦官员视重情重义为己任，那必然只有其亲朋好友才能从中获利，而且获利的方式肯定是消耗或损害公共资源。这也是为什么很多人喜欢和官员交朋友的原因。人人都知道官员不能用公共资源为自己的亲朋好友谋利，那为什么如此普通的常识依然难以做到呢？

在大的腐败案中，我们经常可以读到买官卖官的故事，结合中国历朝历代的发展经验，买官卖官都可以作为政治终极腐败的一个标志。一旦出现买官卖官的官员，整个官场的道德水准必然直线下降，部分官员的自律标准也会大幅下降：既然别的官员都在买官卖官了，那我为亲朋好友谋些福利又算什么！加之还有重情重义的"桂冠"，那些官员无法回归正道也就可以理解了。

还是接着本文开头的事例说，事例中的下属在"擦鞋"之中也确实透着真诚，而且旁观的众人也确实没有在盛赞领导重情重义中发现不妥。难道在场所有人都从该领导的重情重义中获利了吗？其实这种推论恰恰是对官场文化的不了解，在没有形成一个客观的晋升机制的情况下，中饱私囊的官员是不可能晋升的，相反重情重义倒是一条上升的快车道。为什么有些官员喜欢被评价为重情重义，同时也热衷于把自己包装成重情重义？这都是暗示上级：在重情重义的伦理观念下，您今天记得我，我明天肯定不会忘了您！

所以我以为重情重义是为人之道，而从某种意义上讲，薄情寡义才是为官之道。

至今记得二十几年前在中国人民公安大学听时任河北省秦皇岛市公安局长刘金国的事迹报告会时，最后他姐姐动情地讲了几句话，大意是：作为姐姐埋怨这个做高官的弟弟没有帮她办任何事，但作为老百姓，不就希望多出几个这样的官儿吗？

56

从学者的失语看执法的新困境

公安机关作为执法部门一直强调的是操作性，但其执行的法律，以及面临的诸多法律现象又带有较强的理论研究价值，所以学者作为理论与实践中的桥梁，在公安一线执法中应发挥极为重要的指导作用。但就近十年的几个知名案件的讨论中，我们并没有听到学者在良知和知识指引下发出的客观声音。其代价是一线执法机关在本来就模糊的操作中更增加了几分迷惘，结果必然是在打击犯罪中缩手缩脚，群众最终还要为持续恶化的治安状况买单。

第一个案件让我们看看 2009 年 10 月上海浦东的钓鱼执法案，此行政案件的结果是——钓鱼执法是不容置疑、十恶不赦的违法手段！直到现在依然是这样的结论。但只要有一定法律功底的人都知道，钓鱼执法在世界各国的刑事执法领域还是被规范采用的。刑事执法中确实也存在着一个敏感话题——诱人犯罪。但在我国的刑事执法中，诱人犯罪作为一种违法手段和执法圈套（由于警察经常使用，也有称为警察圈套）与作为一种侦破案件手段一直没有严格区分与界定。我们不得不为学者的沉默表示遗憾，同时也可以断定一线执法警察将遇到更大的执法困境。

诱人犯罪本身是学者从西方翻译过来的一个法律名词，而且翻译本身欠妥，因为"诱人"一词不好界定。比如警车没有锁，被人偷走了，抓到人后，他是否可以指责警察诱他犯罪？年轻女警在生活中穿得时尚一些如果受到不法侵害，这也是诱人犯罪？对诱人犯罪的法理争论最早出现在美国，开始也是争执不下，直到 1958 年的"谢尔曼提供毒品案"才基本上形成了以考察被告人是否有犯罪倾向来判断是否属于诱惑犯罪的索勒斯－谢尔曼准则。而且各国都把执法圈套严格限制于刑事执法领域。所以各国在实践执法圈套时都注意区分是否有怂恿犯罪分子犯罪的情节。举个例子，如果有人到处找买家卖毒品，警察扮为买家应该是没问题的。但如果警察通过中间人去怂恿某人卖毒品，然后扮为买家，这就有"诱人犯罪"的味道了。由此我们再次解读上海钓鱼执法案可以发现，此案问题有二：一、钓鱼执法不应出现在行政执法中；二、不能采用拦车、硬要给钱的怂恿方式。所以上海钓鱼执法案暴露出的行政问题和钓鱼执法本身是两个概念。

我本人并非学者，作为一名警察之所以如此关注此问题，是因为其对公安一线民警至关重要，一线民警如果不能明确诱人犯罪和执法圈套的边界，那只能向两个极端发展。因为执法圈套是打击犯罪成本最低，而且效率最高的一种手段。但如果使用失控，它又会成为权力滥用最合理的外衣。我对钓鱼执法的分析不一定到位，但很想以此呼吁有足够研究的学者们站出来，不一定要形成什么结论，至少公开讨论一下总不是坏事，如果能形成对操作有指导意义的理论，广大执法人员不但可以受益，更重要的是群众能从治安好转中得到最实际的实惠。

第二个案件我们要谈论的是"赵作海冤案"，此案件的荒唐程度的确令广大公安民警汗颜。但我以为此案可以引起对法理中的程序正义的意义的进一步探讨。当时媒体一致对冤假错案口诛笔伐，潜在的冤屈不断引起我们对痛苦时代的痛苦回忆，全国一致的结论是一定要杜绝冤案！而且一定可以杜绝冤案！当有少数人羡慕美国法律时，我们可以建议他们用"美国＋死刑＋冤案"在百度上搜索，结果会使他们深感讶异，因为美国学者认为在美国被冤枉的死刑犯多则有 2/3，少则有 11%。我不是说美国死刑冤案多，因此中国有冤案就合理。只是想引出法理中的一个基本原理，为什么各国法律界都在强调程序正义？因为学者、专家们都知道没有冤案的结果是任何法律制度都无法保证的！只有通过严格地履行程序正义，我们才能最大限度地减少冤案！所以对"佘祥林案"也好，"赵作海案"也好，我们都应强调其中程序不正义的细节，比如刑讯逼供、司法不独立等，即执法人员的错误在于执法程序上出现错误，而不是制造了冤案。对冤案的强化可以从新闻的角度取得效果，但最终必然使执法人员缩手缩脚，因为绝不发生冤假错案的方法只有一个——不办案。我们当然不想看到再有一个"赵作海"，但我们愿意看到有"辛普森"漏网吗？

我此文的感慨不是为执法人员在此两案中的表现开脱，只是想呼吁就此失语的法律学者们，一个法律现象如果只任由一种情绪去解读未免太可惜了，学者们如何能由此引领社会对法律实践的深入思考，既是一次普法，也是对法律本身的一种还原，毕竟法律的基本原理应回归到每个人的心中。执法领域更需要学者的声音，毕竟指责帮助执法进步的效果不大，指引才能使执法走入正轨。

"画大饼"现象

生活中似乎有一个怪现象：当我们表达一件事情时，似乎只要愿望好、出发点对，说的话和做的事之间可以没什么关系。比如，我们常常能在会场上或汇报时看到有同志眉飞色舞地描述一项工作，他们准备如何如何，完成后又将如何如何，等等。领导当时也是全神贯注地听、频频点头。后来此事如泥牛入海，杳无音讯。此现象即为"画大饼"现象。

"画大饼"现象究竟是如何成为工作方法的呢？我将它分为三个阶段。当我们向上级"画第一张大饼"时，本意还是描绘一个草案然后准备跟进落实。可能因为其他工作忙，同时也没人来追着问，或是别的原因，此事便搁置了。于是小部分"机灵"的人慢慢地发现，原来这样也可以算作一种工作方法。"画大饼"工作法的第二阶段是侧重于"画"的过程，因为"做大饼"肯定比"画大饼"要难，费工费时，而且还有"做"不好的风险。所以"画大饼"一旦成为工作方法后，会引发其他人的效仿，推广开来。"画大饼"工作法到了第三阶段，游戏规则几乎已经改为评比谁"画的大饼好"，而不是"谁做的大饼香"！此时评委发现不对，认为我们的目的是要"吃最好吃的大饼"，而不是要"看最好看的大饼"，所以命令参赛选手马上把各自的"大饼"按着"画"好的做出来，这时才发现根本做不出"大饼"。因为首先是长时间地专注于"画饼"，很多选手已经忘了如何"做饼"！而且有的选手上学学的就是"画饼"专业，一毕业又在岗位上"画饼"，几乎从来没"做过饼"。其次是即使会"做饼"，但发现参加"画饼"大赛的作品无法在生活中复制出来！这就好比从所有马中也找不到徐悲鸿画的马一样。因为一旦用艺术情怀指导工作时，我们才发现，艺术只能来源于生活，但难以还原回生活！如果此刻我们真能找出"做不出饼"的原因也算是件好事，但遗憾的是，我们的选手常常会找借口，是面粉的问题，或者引申为磨粉机的问题、麦子的问题、农民的问题、土地的问题、污染的问题，甚至地球变暖的问题。最后评委虽然觉得不对劲，但被搞得一头雾水，也只得给出结论：这次先按"画的饼"比赛，但你们平时还要多练"做饼"，下次我们可要动真格儿的了！但真有下次吗？下次真有变化吗？

那么，为什么"画大饼"工作法会出现甚至盛行呢？我认为主要是因为"说"与"做"的二元分化。说话的速度和思维差不多，但工作的速度与思维可相差太远了。我们都知道在实际工作中，有时思维一闪，冒出一个点子，真正忙上几个月也不见得看得到成效。"说"与"做"的对应关系应是指导—反馈—调整—再反馈的循环关系，"说"应当超前，但如果太过超前，必然拉断与"做"的呼应关系。就好比马拉车送货，马忘了工作目的，以为要比自己能跑多快，于是脱缰而跑，但实际上，工作成果的衡量标准是车上的货走了多远！

对于"说"与"做"二元分立的问题其实可以通过一元化考核监督来解决，但我们看到实际上考核监督也呈现出二元化：既有考核"说"的，也有考核"做"的。比如监督统一行动的落实情况，考核指标有时是，会开了没有？有笔记、记录没有？有方案没有？挂了几条标语？同时，考核"做"的指标相对很难，因为监督机关没有人力、精力长时间跟班，最后可能以自报数字为准。正是以上天然的、人为的各种缺陷，所以"画大饼"的工作方法一直有生存空间！

"画大饼"工作法还有一个非常具有蛊惑性的特点，"说"的文化不但有快的特点，更重要的是它还可以很美，不亚于南北朝的骈文，我们可以用排比、对仗、顶针等华丽的修辞，说得天花乱坠。我们知道，在进行艺术创作时，比如再好的小说改编为电影，也要有编剧的环节，可见从艺术到艺术都需要转换，更不要说从艺术到生活了。"说"的时候，可以是站得要高，格局要大，覆盖要全。而"做"的时候，必须是要有标准，有步骤，有方法，有替代。所以说，"说"与"做"两种文化天然存在着冲突，如果冲突出现在戏剧中，演员可以淋漓发挥；但如果冲突反应在执行层面，执行者只能是无所适从。

管理中的公心

　　一颗公心在行政体系中常被反复提到，既是上级对下级的一种工作要求，又是每位领导在管理中的至高追求。对于公心，可以理解为公平、公正、大公无私等。我们的自我检验方式也是看有没有个人利益卷入事实判断和利益分配之中。但我此文的问题是管理仅凭公心就足够吗？或者是公心就是管理的至高境界吗？

　　帮助我们理解公心管理的较好例子是中国古代漫长的帝王时代，皇帝与臣民的国家治理结构堂而皇之地把公天下与私天下完美结合，使皇帝的位置成为我们研究公心管理的最好典范。由于皇帝的地位独特，所以皇帝的决策基本上都可以理解为大公无私，因为即使有私也是公。皇帝没有任期的担忧，没有利益的纠结，也没有被弹劾的风险，所以说皇帝做出的决策基本上都出于公心，而且至少他们自己认为是公平、公正的。当然也会出现由于情绪、好恶等问题的决策冲动，但毕竟所占比例甚微，因为决策中的私心绝大部分来源于个人利益，而利益问题对皇帝来说确实不存在。但皇帝们凭着一颗绝对的公心又把国家治理得如何呢？

　　当然有人会说由于皇帝是世袭，智力因素都无法保证，所以皇帝现象不能完全用来解释公心管理。我对此基本同意，但随之而来的问题是即使智力没问题，公心管理就没有问题吗？中国历史上凤毛麟角的圣君、明君不用说，我们还是要承认大多数皇帝的智力至少是正常的，那为什么在公心之下还有如此多的奸臣、小人当道？所以我们必须重新审视到底什么是公心。

公心表面看是公平、公正，但实质是自以为的公平、公正，因为我们只能通过有没有个人利益卷入来自我感觉。特别在帝王社会，皇帝一般不存在什么个人利益，所以皇帝一般认为自己做出的判断都可以视为出于公心。但其实干扰皇帝判断的因素还有情感、情绪、好恶等细微因素，其本人难以察觉，而周边得势的权臣、小人都恰恰运用了这些因素影响皇帝的决策。对此皇帝集团也有察觉，于是又产生了一套中国文化中特有的科学——帝王之术，其核心特点是要使周围人感到君心难测！试想如果君王的意图无法推测，那小人们必然无法迎合，君王决策当然也就不会被影响。我们先不说帝王之术有多么荒诞，如果真能实现，那君王们首先要修炼成喜怒无常的精神病。

以上我们通过皇帝决策的困境说明了管理中仅凭公心是远远不够的，那公心作为公平、公正、无私的总代表，在管理中一无是处吗？那也不是，公心在管理中最主要的应用在于对某一件事的判断处理方面。典型的例子是法官断案，法官之所以能做到公心判案主要有两个因素：一是权威性，二是临时性。权威性容易理解，而所谓临时性正是由于法官临时存在，与诉讼双方都较为陌生，才能天然地规避情感、情绪、好恶等干扰判断的细微因素。所以公心可以用于身处局外地判断某事，但对于身处其内的日常管理，今天我们的各级领导一定要警醒，不能认为只要不为自己谋利益，也不是为自己追求政绩，那决策就一定正确。

有同志一定奇怪，一颗公心几乎已是领导者的至高境界了，连此都不可靠，那还能信赖什么呢？我的意见是要从公心管理向数据管理发展，数据管理是指各种决策、评比都应以数据为基础。在管理实践中，脱离了数据支持的公心其实都只是一种管理者的临时感觉。我们以某小单位年终评比为例，某领导没有受过下属的各种"好处"，也不用下属办任何私事，而且完全凭印象中下属的工作表现来评优评先。该领导一定认为这个评比结果是完全出于公心，是最公正的结果。但事实并不一定，至少下属们并不一定服气。因为面对诸多下属，又是全年工作，哪有领导能把这么多的工作信息全记住呢？领导必然会把注意力等同于事实，把注意力等同于成绩。即谁紧跟领导的关注，谁得到的关注也最多，作为一个综合全年工作的评比，能说这公平吗？而且我们经常追求领导在与不在都一个样的管理境界，这种评比方法能达到这个目标吗？我们再假设该领导精力极其旺盛，工作能力极强，确实工作的方方面面都注意到了，所管的每个下属也都积极关注了，公心评比就公平吗？还是不一定。因为下属们不相信，即使领导关注所有人的工作，但每个下属毕竟只关注自己的工作，所以作为下属还是首先认为自己是最该评优评先的。而只有通过管理过程中所积累的数据把下属之间的工作量量化标示出来，评优评先才能有个让所有人都认可的公正、公开的结论。

我此文论述管理中的公心，并不是要否定凭公心管理的方法，只是想提示大家，在管理实践中，特别针对某一个阶段的管理，公心不能解决一切问题，只有注意平时积累数据，通过数据分析得出的结论去管理才会有更好的管理效果。

59

管理中的授权与监督

毛延寿与王昭君的故事为人所熟知，毛延寿是西汉的宫廷画师，专门画后宫宫女的画像，方便皇帝挑选。有权力就有利益，于是如果宫女不向毛延寿行贿，他就把她画得丑一些，她也就没机会受皇帝宠了。可是王昭君姑娘偏偏不贿赂毛延寿，自然其画像上有人为的缺点，所以在后宫待了几年也没有见过皇帝，直至她自己主动报名与匈奴和亲。当汉元帝看到王昭君本人时才知道受了毛延寿骗，但为时已晚。

每每读到此故事，我们都感叹毛延寿之小人弄权。我以为此悲剧的实质是一个管理学的问题，即管理中的授权与监督。授权是指管理中对下级部门或个人授予某方面权力，或是全权代表。监督是指对这种权力的应用情况随时检查。在行政管理中，授权经常出现，但伴随着授权的监督却往往为我们所忽视。再看毛延寿弄权一案，汉元帝授权毛延寿给宫女画像无可厚非，毕竟皇帝日理万机。但对他授权后没有监督可就属于管理漏洞了，试想汉元帝只要随机到后宫走一圈，把宫女们叫来与画像册对一对，自然会发现问题。汉元帝可能很忙没时间到后宫，但只要随时、随机抽取几名宫女到寝宫，也能发现问题。汉元帝就算再没时间，那么派一个人到后宫检查一下，同样对毛延寿的权力也是一种制约。遗憾的是，汉元帝这些工作都没有做，于是在管理学上成为只授权没有监督的局面，那埋没绝世美女的重大责任事故必然会发生。即使汉元帝后来盛怒之下杀了毛延寿，但其管理体系中的漏洞如果没有堵上，以后一样会出现李延寿、王延寿，同样会埋没张昭君、刘昭君。

在毛延寿现象背后还存在着一个用人理念的问题。"用人不疑，疑人不用"一直是中国文化中很推崇的在人力资源方面的管理思想，但此理论在操作层面上讲实际上是一句废话。因为首先，"疑人"的标准不好确定，所以最后问题还是回归到"德"与"才"的老话题，好像是"德"好之人属于可用之人，但"德"好的标准是什么呢？最终在实践中的标准还是反映领导意志，即领导说谁"德"好谁就"德"好，说谁"德"差谁就"德"差。其次，人是否会一成不变？即使我们找到了品德优秀的人才并委以重任，但他的品德会一直优秀下去吗？当然不可能，我们看到过这么多贪官的事例，发现他们在最初往往有一个德才兼备的阶段，随着职位升迁，监督弱化后，"德"也随之退化。正是在"用人不疑，疑人不用"的错误理念指导下，我们在管理中表现出热衷于用干部，而忽视制度建设的倾向，尤其在监督方面。

我们在行政体系中忽视监督还有另一个原因，即中国文化对人性的最基本假设。"人之初，性本善"是每个中国人耳熟能详的句子。正因为自古文化假设每个人是可以信任的，所以我们弱化监督。与此相对的是西方文化中对人之初即有原罪的基本假设，两种基本假设的不同在饮食文化中反映得尤为明显。中国采用合餐制，即大家一同吃一盘菜，至于谁多吃少吃全凭自觉；但西方采取分餐制，一人一份，谁也不用担心别人多吃少吃。所以西方行政体系中制度设计也是以人不能被信任的假设为逻辑起点，故监督从来都是西方行政体系中重要的一环。而中国文化中对人不信任是非常伤害他人自尊心的，所以我们总认为监督是迫不得已才采用的特殊行政管理手段。所以每每行政管理中监督措施出台之前都要预设大量的铺垫，先列举一系列血淋淋的事实，领导再语重心长地道出苦衷，总之要花大量精力解释采取新的监督措施不是不信任大家，而是形势所迫等。随着西方管理思维的引入，我们已逐步对监督有了新的认识，在心理上也逐步接受监督常态化的管理方式。但问题的关键还是在于思维观念方面，即不要把不信任上纲上线为奇耻大辱，而且监督也只是行政体系中的一个步骤。

从管理角度讲，授权的程度并不取决于权力的类型或是内容，而是取决于监督的可能性，即能被监督的权力才可以授权。对授权的监督，在中国古代的管理中也不是不考虑，比如在冷兵器时代的战争情况下，当时皇帝不得不授予前线指挥官临机处置的巨大权力。对此兵权的监督有多种形式，一是派随军监军，监军肯定是皇帝最信任之人，所以往往多是太监，于是这又带来了一个外行管内行的新问题，无数惨败皆源于此。二是控制人质，即将军出征前，把所有家属留在京城以保证自己没有二心。所以中国式管理的特点是大事不糊涂，而小事马虎。

真正的行政日常管理中又能有多少大事呢？当然还是小事居多，管理不关注细节，不从小事入手，结果只能是不停地亡羊补牢。亡羊补牢只是一种管理上的补救措施，其实如何随时发现羊圈的漏洞并及时堵上比羊跑了之后的补救重要得多。

60

击鼓鸣冤的制度设计

我参拜安徽合肥包公祠时，导游小姐介绍包公当年在定远县任县令时在县衙外创设了一面大鼓，任何有冤情的百姓都可以到此击鼓鸣冤，这也是后来各衙门外鸣冤鼓的来历。后来我查询资料发现鸣冤鼓的最初出现要远早于北宋，但包公是否发明鸣冤鼓并不重要，重要的是击鼓鸣冤这一制度设计在管理中的真正意义。

从管理角度看，击鼓鸣冤的第一个意义是打通中间层，使底层的意见能最快速、直接地反映到高层。试想在没有击鼓鸣冤制度之前，底层百姓告状必须先到衙门口递上状纸，这即类似我们今天的受理环节。然后可能还要经过初步分析、检验证据、决定审理、择日开庭等数个环节。而每个环节必然又会正大光明、堂而皇之地设定一些障碍，比如在诉状的环节，衙役就可以以状纸内容不清为由反复拒收；到了初步分析的部门又可以以理由不明拒绝进入下一程序；然后检验证据的部门又能以证据不齐，或证据存疑等理由搁置案件；同样道理，负责决定审理、择日开庭等的机构都能根据自己的业务特点层层设限。总之，一个案件要过五关斩六将才能摆到主审老爷面前。试想普通老百姓如何付得起如此大的诉讼成本？所以在诸多程序性的诉讼环节面前，法律面前人人平等的法律精神被制度性地破坏了。可能有人认为包公时代的旧社会不存在什么法律面前人人平等的司法精神，其实作为法律精神，法律面前人人平等早已存在，只是这种精神在旧时的司法实践中难以实现罢了。

而击鼓鸣冤则是底层百姓在衙门口以击鼓的方式打通案件审理前的所有关节，使审案官员马上能听到一线百姓诉求，直接进入案件审理程序。我们先不说案件最终的审理是否公正，仅就简化了如此多的中间环节，减少了衙役们的层层盘剥来说，这已经是一个了不起的进步。

此点对我们今天的司法制度有什么借鉴呢？我以为有两个：一是注意司法程序与行政手续的区别，二是在管理中要注意设租与寻租这一必然的行政现象。什么是司法程序与行政手续的区别呢？司法程序的本质是限制执法机关的权力，从而保障司法参与者中弱势群体的权益，是一种法律在制度层面的进步；而行政手续是司法行政机关自行设置的程序，主要是方便行政机关操作的一种手段。还是以击鼓鸣冤出现之前的制度为例，当时设置的种种环节都是行政手续，而非司法程序。如果是司法程序，应该从明确管辖、期限等方面入手。行政手续的核心目的是要通过层层筛选的机制，保证下一关的工作量尽可能小。根据这种分析，我们不妨对当今的司法制度做一下反省，对照程序与手续的区别，看看我们目前执法的层层运作中有多少是必须坚持的程序，又有多少是方便行政的手续。

为什么说设租与寻租是行政体系的必然现象呢？在我们的日常思维中，往往认为腐败属于个人的素质问题，总以为提升个人修养或是加强监督，腐败现象就可以铲除。但从人性和行政特点的角度分析，腐败其实更多时候是制度设计的问题。所以不管是什么样的公职人员，在行政系统内设租与寻租都是必然的，行政系统会通过行政权力天然的设租，即设置各种门槛，以方便自己的工作。而设租之后，必然又有人要试图绕过门槛，这也就是行政寻租腐败的由来。所以只有明白此行政必然现象出现的原因，才有助于我们自我检讨，反思行政的目的是方便行政机关呢，还是方便办事群众？不敢说杜绝腐败，但至少从制度层面对它有个控制。

击鼓鸣冤的第二个意义是公开。从制度设计角度讲，打通中间层不是很难，我们只需规定主审官员直接从百姓手中接受状纸。但问题是这样会使主审老爷的权力过于集中，此时老爷同样可以以状纸内容不清、证据不足等一系列理由为审理设限，底层百姓又要设法打通主审关节。而击鼓鸣冤则不同，击鼓首先是一个公开行为，通过鼓声不仅引起官员而且还有公众的注意，这等同于引入舆论监督，所以主审官就必须公开审理，只要是案件能公开审理，其结果等于要诏告天下，所以一般不会出现过于离谱的审判结论。

此点对我们今天审判制度同样有借鉴作用，在网络如此发达的当下，曾看到过有几个案件想网上直播审理，但总是不了了之。为什么我们不能引入公开的机制呢？虽然很多案件都是号称公开审理，但又有多少群众有时间到现场，为什么我们不能利用互联网的传播资源呢？我至今记得当年对"四人帮"的公审，那是一个多么好的普法机会！很遗憾，不知什么原因，最终我们的有关部门还是没有充分公开审理的勇气。

61

烧饼原理

　　有一个人饿了，他一口气吃了七个烧饼才吃饱。但他突然想：如果我只吃第七个烧饼，岂不又能吃饱又能省钱？这表面上是一个笑话，但实际上又是一种现象，姑且不妨将它称为"烧饼现象"。在公安工作中也有类似现象。以刑侦为例，在破案总结或立功授奖时往往归功于"第七个烧饼"，重奖"第七个烧饼"。虽然我们都知道七个烧饼一个也不能少！

　　解读"烧饼原理"要从两个视角，一是从吃烧饼人的角度看，二是从烧饼的角度看。以上的笑话描述的是一个智力有问题的人，但作为吃烧饼的人，我们的智力都没问题，那么为什么在实际公安工作中依然归功于"第七个烧饼"呢？这主要还是一个工作方法问题，因为各部门都首先选择对自己操作最简单的工作方法。还以烧饼事件为例，如果吃烧饼的人要奖励有功的烧饼，肯定不能全部奖励，因为这样必然失去了奖励的意义。如果以公平为前提，吃饼人应该每吃一个烧饼之前都仔细称重量，吃七个饱了后以其中最重的一个作为奖励对象。这种操作应该最为公平，但效率肯定低了，无形中增加了给烧饼称重的工作量。而奖励第七个烧饼虽然对于烧饼们不公平，但吃饼人最容易操作，而且表面上看也有一些道理，毕竟第七个烧饼直接形成了吃饱的结果。

　　如果站在烧饼的视角上看呢？我们肯定以为烧饼们都会觉得不公

平。实际不然，因为多数烧饼都知道自己的分量，可能不准确，但大致明白自己属于哪个重量级。所以面对奖励第七个烧饼的游戏规则，可能只有两三个重级别的烧饼不满意，而其余烧饼在此规则下反而有了七分之一的概率，如果能和吃饼人拉拉关系，把自己安排在第七个出场，或是即使排在第六个，让吃饼人说此时就已吃饱，那此烧饼受奖励概率一下子跃升为百分之百。

以上正是"烧饼原理"的秘密，吃饼人永远选择方便自己工作的效率优先模式，而且并不是所有的烧饼都追求公平，多数烧饼更喜欢有可能成为第七个的概率。解密"烧饼原理"实际上把我们带入更深层次的思考，到底什么是公平？如果我们定义多数人的统一意见就是公平，"烧饼原理"不但有效率，而且公平，因为更多的小重量级烧饼还是欢迎奖励第七个的游戏规则。于是我们不禁要问：机会均等就是公平吗？不是，只有机会均等地参与竞争才是公平！所以我们以往对公平的理解有个误区，把平等和公平简单地等同起来。机会均等只是平等的一种形式，而公平是因为有竞争这一大前提而存在。现在我们可以理解为什么"公平"总与"竞争"一词连用，因为如果没有竞争，公平本身也没有意义。为什么全世界的赌场生意总是很红火？这是因为人人都喜欢平等，而有部分人又不想通过努力、勤劳致富，那赌场当然是最好的选择。我们也可以理解为什么有些地方、有些场所热衷于摇号码，喜欢抓阄，因为看上去最公平。实际上机会平等也是相信赌博精神的另类表现。

通过以上分析，我们发现"烧饼原理"有其合情之处，但并不合理。因为我们考量一个游戏规则是否合理，不但要分析其公平性与效率性，更要关注其导向作用。"烧饼原理"中吃饼人无疑代表公安系统内规则制定、操作的上级机构，而烧饼们永远只能跟着游戏规则玩。"烧饼原理"的导向无形中引导烧饼们不用努力去提高自己的分量（素质），相反坐等概率可能性价比更高，因为可以少付出努力，成功的概率反正一样。社会的发展，平等只是最基本的一步，在平等基础上建立的公平竞争机制才是社会进步的原动力。公安工作的逻辑也是如此，只有设法建立公平的竞争机制，队伍整体上才能表现出优胜劣汰，队伍素质才会出现整体的上升趋势。我们经常倡导建设学习型警队，因为警队学习气氛不尽如人意。为什么警队学习不能蔚然成风？因为警察们没有感觉到学习带来的实惠，或者说如果不用学习，坐等概率依然会有奖励，谁又会耐得住学习那份寂寞呢？

62

伪经验

经验是指人对从事过的工作或经历过的生活的一种提炼和升华。所以经验一词一定要有一个大前提，即有过的经历。但对经历的提炼和升华往往没有标准，而且因人而异，所以在我们日常理解中，对经历的提炼越来越被忽视，于是我们思维中逐步把经历直接等同于经验。特别在行政体系内，我们更是习惯于认为某人如果从事过某项工作，那一定是具有此方面经验。我在此文中提出伪经验的概念正是要针对这种把经历直接视为经验的现象，认为如果仅仅因为做过某项工作，而没有经过足够的提炼、反思，或者是升华，那这种经历更可能只是一种伪经验。

记得一位医务界的朋友曾告诉我：我们往往以为中药没有副作用，这其实是错误的，临床医学是由于西医的引进而产生的，所以早期的中医中没有临床研究的方法或概念。试想早期的郎中走街串巷，对病人望闻问切后开一个方子就走，即使使用中药的人后期表现出副作用，也没有郎中对此记载和研究，久而久之人们反而误以为中药没有副作用。我正是要建议在我们对经历的提炼过程中引入医学界临床研究的概念，即对我们既往的方法、措施有一个跟踪、反思的概念，看看哪些有效，哪些无效。有了对结果的追踪和反思，我们也能明确到底哪些经历可以称之为经验，而哪些经历其实更是一种教训。为什么有的伪经验实际上是教训呢？因为任何人从事一件从没有做过的工作时实际上都会紧张、恐惧，于是必然把风险想到最高，困难想得最大，所以对此的准备也一定最充分，最齐备。充分、齐备本身是好事，但如果是在行政系统内则不然，因为这意味着行政成本有可能极大地被浪费。其实客观地讲，第一次工作高估了困难在所难免，有些浪费也可以理解，但真正的悲剧是这种夸大风险的工作模式居然能形成工作定式。因为夸大风险必然对应万事俱备，所以结果一般也会平稳。但如果没有一个对先前行政措施反思的机制，我们就会认为事前的所有准备都是必需的，正是在这种思维逻辑的指导下，过分的措施、浪费的准备、夸大的投入反而成为一种工作标准，这也就是我们所说的伪经验。

伪经验最可怕之处是它还会被不断推广，因为毕竟人家是真正干过某项工作，所以随即产生持有伪经验的伪专家。在行政体制中，之后要面临同样问题之人对伪专家必然顶礼膜拜，虚心学习，拼命复制伪经验。其实，后来听伪经验介绍的也不都是无脑之人，也能发现其中一些问题，但随即引发官僚系统内的第二个问题，学习伪经验肯定政治正确而无管理责任。因为如果不采纳伪经验，必然要冒行政风险。试想如果全盘照搬伪经验，即使发生问题，管理层也依然无责任，毕竟该学的都学了，结果不可控；但如果没有采用伪经验而出现事故，那马上管理层将面临巨大的管理责任，持有伪经验的伪专家立即第一时间跳出来点评管理责任。所以即使伪经验再浪费、再高成本、再夸张，伪经验和伪专家依旧能大行其道。伪专家在介绍伪经验的同时还会更进一步，即把自己根本没有做到，只是在脑中灵光一现的想法作为经验讲述，如果学习之人缺乏判断力，那伪经验的范畴又要增加。

伪经验在行政体制内的另一个变形即是伪决策。每每当我们感慨领导决策经常只是拍脑门儿时，我们是否反思过为什么领导喜欢拍脑门儿决策？领导拍脑门儿决策最直接原因是效果明显。为什么效果明显呢？因为领导每次拍脑门儿之后，得到的是一片欢呼。人人讲决策英明，战果统计时又添枝加叶、张冠李戴。难道领导真的不知道这些数字有假吗？也不完全是。领导之所以默许某些事，根本原因是相信自己拍脑门儿决策的根本出发点没有问题。为什么对拍脑门儿如此自信呢？因为首先是愿望正确，试想纯心要把工作搞砸的人除了叛徒之外确实也没什么人。而且工作没有科学化的反馈机制，既然每个下级都讲决策好，即使没有夸的那么好，但毕竟是良性结果。所以这种"良性刺激"致使拍脑门儿决策越演越烈。对于行政体系中的这种现象，如果我们仅是批评下级溜须拍马已经没有意义，毕竟此情况已出现了几千年，那么为什么有的地方的行政系统可以相对高效呢？我以为根本区别在于能否引入类似于临床医学的科学反馈机制。试想如果决策后，我们明确决策想要达成的工作目标，然后找到合适的样板进行对比，对数字统计进一步严格规范。最后对结果进行比较性的科学分析，那我们自然得到相对科学的结论，我们也可以发现哪些决策有效，哪些措施效果并不显著。有了这种严肃的结论，领导拍脑门儿决策的随意性自然收敛。

从伪经验、伪专家到伪决策，我们可以看到行政体系内的一种思维脉络，感慨也好，痛心也好，实际上我们最缺乏的还是真正对科学的理解。

63

氧化还原反应在公安管理中的应用

氧化还原反应本是化学中的词语，我发现公安管理中的许多措施实质上与此有很多相像之处。比如为什么警察或者说纪律部门要穿统一的制服？是为了体现整齐划一的美观吗？是为了强化国家机器的威严吗？都有道理，但最主要原因是对所有警察在管理上实施类似于氧化反应，即去个性化的处理，使每个人湮没在集体中。去个性化的目的是要保持队伍的高效率，为什么纪律部队都强调整齐划一？因为团队作业不宜张扬个性，个性会极大阻碍命令的执行。团队中工作热情过高、过低的人都被视为麻烦制造者，热情过低自然是后进，但热情过高同样是个人英雄主义。所以团队的效率往往取决于集体被氧化的程度。这也是为什么每每公安队伍整顿纪律时总要搞搞军训的道理。

氧化式管理统一了思想，统一了行动，是不是一切问题都解决了呢？不是，因为去个性化的氧化管理有个副作用——引起社会惰化。"社会惰化"是社会心理学名词，是指群体一起完成一件任务时，个人所付出的努力比单独完成时要少的现象，而且群体的规模越大，个体的努力程度一般越小。这即是我们日常所说的"磨洋工""出工不出力""三个和尚没水喝"等社会现象。为什么群体作业会出现这种情况呢？其主要原因是个体经过去个性化的处理后，在群体活动中责任意识降低，被评价的焦虑感减弱，因此行为的动力相应下降。这也告诉我们为什么有时公安基层会出现执行不力，因为去个性化后产生了社会惰化作用。

针对社会惰化的副作用，社会心理学又发现了一个社会促进作用——观众效应。为什么球队都喜欢主场作战？运动员的比赛成绩往往比训练时的最好成绩要好？这都属于社会促进中的观众效应，其实质就是一种还原作用。即通过旁观者的关注，增加个体的评价焦虑，提升责任意识，从而弥补去个性化后的社会惰化作用。所以我们可以依据此理论回答第二个问题：为什么每件警服上还要有警号？这就是公安队伍管理的第二个特点——还原反应，即把每个人再从团队中还原成为个体。而警号的意义正是把去个性化后的群体再还原为一个个独立的个体。试想如果警服没有警号，民警在执法或对待群众时很可能会随意度大，态度差一些，因为民警潜意识中会形成"反正大家都穿得一样，你也不知道我是谁"的概念。但有了警号后，群众即可马上对执法人员进行识别，民警自然会更加注意自己的言行举止，多几分自我监管。

我们对还原式管理的原理有了基本的了解，其应用在警队管理中可以划分为三个层面：一是警察个体层面，二是警队管理中的激励方面，三是警队管理的一些制度设计。

警察个体层面的还原实质上是表现一种担当的意识，只有主动挑起责任，才能把自己从被氧化的集体中还原出来。这种还原虽然会使自己面临一定的压力，但对个人成长绝对有好处。如果你把自己定位为南郭先生，当然在乐队中合奏最好。但如果你认为自己不是南郭先生，为什么不争取独奏的机会呢？

警队管理中的奖励手段近几年不断地被重视，而其中还原策略又是高效的一种。管理学上有句俗语：批评一个人最好用电话，而表扬一个人一定要发通报。这种通报的方式实际上就是一种还原，茫茫人海中每个人都有被还原的渴望，这也是为什么选秀节目总是火爆的原因之一。公安工作的一大特点是所有工作都是由人完成，没可能由机器破案，让机器做辖区工作，所以对警察个体的激励尤为重要。而我们以往过多侧重于物质激励，实际上效果不大。如果我们对照一下马斯洛五层次需要理论，可以发现更多数警察处于尊重需要和自我实现需要的层次，所以对警察个体的还原，使个体受到更多关注，这才是较好的激励手段。

对还原式管理有了理解后，我们可以发现其对警队制度设计有着更重要的作用。举个例子，为什么我们总感觉会场越大，开会的效果越不尽如人意？这正是因为大会现场群体引起的社会惰化效应，当和同事都坐在台下时，黑压压一片，参会人的安全感马上超过了责任感，整个人放松了很多，这也是开会睡觉屡禁不止的原因之一。但与此同时，同在一个会场内，主席台上为什么从来没人睡觉呢？这就是社会促进中的观众效应。所以如果我们改动一下开会规则，开会前，由主持人宣布，此次会议结束前，将按座位号随机请一名听众到主席台上把领导讲话要点复述一遍。那整个开会的效果要好上数倍，台下的数百名听众马上要紧张起来，因为每个人都有可能被叫到台上，如果不认真记录领会，到了台上在这么多领导、同事面前讲不出来，下台后可能就真要下台了。

以上，我以化学中的氧化还原反应做比喻，并结合社会心理学的一些知识对公安系统中的部分管理现象进行了解释。我只能抛砖引玉地做一些提示，实际上，氧化还原反应在公安工作的管理实践中还有着许多应用，以后再与大家继续探讨。

64

荆轲刺秦王中的领导责任

    如果评选中国历史上最著名的刺客，那荆轲会毫无悬念地当选。如果用管理学中结果导向的原则衡量荆轲，那秦王未死，荆轲就属于不合格。以往对荆轲失败的分析主要集中于荆轲个人武功不够，助手秦舞阳表现太差等原因。可是如果我们仔细研究《史记·刺客列传》中的记录，就会发现在荆轲刺秦王这一不成功的刺杀案例中，有一个重要的失败原因被我们忽视了——燕太子丹的战略意图不明确，所以太子丹最该为此负领导责任。

    为什么说太子丹战略意图不明呢？让我们看看刺杀行动前的谋划、准备过程。太子丹经燕国义士田光介绍认识了荆轲，初见荆轲时，太子丹有一大段话。内容较多，仅节选："丹之私计愚，以为诚得天下之勇士使于秦，窥以重利；秦王贪，其势必得所愿矣。诚得劫秦王，使悉反诸侯侵地，若曹沫之与齐桓公，则大善矣；则不可，因而刺杀之。彼秦大将擅兵于外而内有乱，则君臣相疑，以其间诸侯得合从，其破秦必矣。"此段太子丹讲述了他抗秦的战略设想：一个行为，两种意图。即以刀劫持秦王后分为上下两策，上策不杀之，逼秦王退回侵占各国的领土；下策为杀之，秦国群龙无首必有内乱而大事成。而且太子丹在表达战略意图时还特别引用了曹沫劫持齐桓公的成功案例。当年鲁庄公迫于齐国的强大国力，与齐桓公会盟于柯，鲁国大将曹沫突然执匕首劫持齐桓公，要求齐归还侵占鲁国的土地。迫于形势危机，齐桓公被迫协议归还，但事后还是想反悔，齐国"二把手"管仲则认为协议已签不可失信，所以鲁国失地尽归。

表面上看，太子丹的上策、下策均可行，但实际上其上策根本禁不起推敲。我们假设劫持秦王成功，嬴政签协议归还各国的土地，但能实现吗？当年鲁国能成功不是因为曹沫英勇，也不是因为齐桓公守信，而是管仲当时有着无可比拟的影响力。嬴政时代有管仲式的人物吗？吕不韦的下场已经充分表明秦王嬴政的与众不同。所以太子丹的上策根本不可行。对此，太子丹不知道吗？不是。太子丹当年与嬴政在赵国同为人质，都生活在寄人篱下、危机四伏的环境中，所以交往得还不错。后来太子丹又到秦国做人质，而嬴政即位秦王，马上对太子丹态度大变，所以太子丹非常清楚嬴政的为人，并心生忌恨。而且在为荆轲准备行刺装备时，太子丹特别花重金购得徐夫人匕首，并以剧毒浸泡。所以太子丹不论在显意识还是潜意识中都倾向于实行战略中的下策。那为什么太子丹要同时向荆轲讲述两个方案呢？

我认为原因是太子丹的虚伪。因为身为一国储君，用行刺他国国君的方式解决争端实在见不得光，而且是在破坏国家君主之间的潜规则。刺杀君主在春秋战国都有发生，但主要是出现在本国争夺最高领导权中，如果去刺杀别国君主，那无形中每个君主都卷入了随时随地、无时无刻的危险之中。正是不光彩的意图才使太子丹使用了含蓄的表达方式，本想荆轲能自己领悟，但没想到荆轲如此实在。

接着的问题是荆轲在行刺过程中的表现如何呢？答案是其刺杀过程可圈可点，而且确实严格按照了太子丹的上策实施刺杀行动。两处可以证明，一是行刺前荆轲在向樊於期借人头时曾说："臣左手把其袖，右手揿其胸，然则将军之仇报而燕见陵之愧除矣"。"揿"：拟击也，即好像要打击，这正符合太子丹的第一方案。二是《史记·刺客列传》和《战国策》中都记载："轲自知事不就，倚柱而笑，箕踞以骂曰：'事所以不成者，以欲生劫之，必得约契以报太子也。'"这都说明荆轲的失败是因为坚决执行燕太子丹战略意图中的上策所致。

下一个问题是如果荆轲一开始按照直接刺杀的方案行事，有可能成功吗？我认为是可能的。如果按照下策执行，正好有专诸刺王僚的成功案例，而且事件中的吴王僚赴宴前有防刺准备，穿了多层皮甲结果还是被杀。荆轲与专诸的外部条件极像，身份一个是厨师，一个是献礼者，都有掩护；一个是鱼藏剑，一个是图藏匕首，都是隐蔽性强的利刃；行刺发力的距离都很近；而且荆轲还有见血封喉的匕首这一撒手锏，其实荆轲的手都已经抓到了秦王的衣袖，只要再刺上一刀，也许就不会有荆轲在生命最后一刻的遗憾陈述了。

那此事件中的燕太子丹要负什么领导责任呢？从管理角度讲，在决策的参谋、评审阶段，可以提出几种解决方案，如刘备进川前，庞统提的上中下三策。但作为最高决策者的领导最后只能选择一种，或者将不同方案优化组合，但最终还是只能形成一个方案。如果当时太子丹只制订劫持方案，那说明太子丹的能力有问题，没有充分预见到劫持秦王的难度和即使成功后秦王的信誉。但太子丹重金寻找并剧毒浸泡锋利的徐夫人匕首，这都容易使劫持过程发生意外，所以太子丹之意是直接刺杀，可是领导的隐晦表达就使执行者的目的不清，执行效果自然可想而知。所以在管理中，各级领导在决策环节一定要目标明确，清晰表达，如果寄希望于执行者自行领会，那荆轲的失败就是最好的例证。

65

主少国疑中的用人机制

吴起可以说是春秋时期非常传奇的一个人物，除了其个人道德方面的一些瑕疵之外，同时期乃至于后世，都没有人对其能力有过质疑。本文恰恰要说一个他个人能力影响其职场发展的例子。

吴起在做河西太守时取得了很高声望，但魏国却选了田文做相国。吴起很不高兴地对田文说："统率三军，让士兵乐意为国去战死，敌国不敢图谋魏国，您比得了我吗？"田文承认不如。吴起说："管理文武百官，让百姓亲附，充实府库的储备，您比得了我吗？"田文也承认不如。吴起说："据守河西而秦国的军队不敢向东侵犯，韩国、赵国服从归顺，您比得了我吗？"田文还是承认不如。于是吴起又问："为什么您的职位却在我之上呢？"田文解释说："国君还年轻，国人疑虑不安，大臣不亲附，百姓不信任，处在这个时候，是把政事托付给您呢，还是应当托付给我？"吴起沉默许久后认可了田文的理由。

我们的重点正是要分析田文的解释。田文讲了三个原因：主少国疑，大臣未附，百姓不信。后两个其实在吴起的第二个质问中已经证明了不是问题，所以问题的一切都集中于主少国疑。而这其中"主少"是起因，"国疑"是结果，所以问题的根本就是"主少"，即国君年幼，刚刚即位。这正是行政管理中用人的一个普遍现象，即下级的工作能力一定要在上级驾驭能力的范围之内。换句话说，为马车配马，不能把马的力量、耐力、速度等素质如何优秀作为最重要指标，而是要首先考虑驭手驾驭马的能力，在其能力范围内选择合适的马，如此车不会翻的重要目标才能实现，而至于车是否能跑得更快则是被牺牲的管理指标。此种用人现象最大的悲剧在于，在号称求贤若渴的用人思想指导下，居然还会出现有人才因为自己能力太优秀而被牺牲或淘汰的情况。有同志认为只有在职务世袭的管理体制中，才会出现因主少国疑而制约下级人才发展的普遍具有合理意义的悲剧现象。仅是如此吗？

目前管理中职务晋升主要有选拔、推举、竞争三种方式。选拔，顾名思义是自上而下的选择提拔；推举则是自下而上的保举推荐；竞争则是多人公开公平竞争、择优录取的模式。这其中选拔制的效率最高，但再次发生主少国疑的用人悲剧的可能性也最大。选拔制的缺点在于被选拔者的才能天然受制于选拔者的自身才能，试想为自己选下级与马车夫为自己选马的逻辑当然一样，这实际上也就是我们说的"武大郎开店"现象。以往我们经常用此讽刺个别领导的心胸窄或是格局不够大，但本质上选拔制注定如此。心理学上讲，人最容易亲近两种人：一是自己想成为的人，二是像自己的人。第一种类似于偶像崇拜，自上而下的选拔制肯定不会出现此情况，所以当然选像自己的人。"像"一字天然带有主从关系，比如我们从来都说晚辈像长辈，某人像某明星，不会倒过来说。这其中"像"就有了"近似"和"不如"两层含义。由此可见，选拔制天然携带主少国疑式用人悲剧的基因，只是在武大郎开店时会暴露得特别明显。

推举制就一劳永逸吗？也不是，推举制由于受规模、操作细则的影响较大，也是优劣参半。相比之下竞争制更便于操作，而且其结果也更容易被人接受，这就是为什么我们总说相马不如赛马。但为什么竞争制又总不能得到大面积普及呢？因为竞争制天然解决了底层权力的原罪，即通过竞争取得的权力合法性会使底层官员轻视系统的权力架构。换句话说，选拔制虽然会埋没人才，但会使下级对上级产生更多的归属感与依赖性，行政系统自然趋于稳定。而如果底层都通过竞争取得权力，就容易对上级的权威有意无意地生出挑战，系统的稳定性当然受到影响。所以面对主少国疑的用人机制缺陷，选拔制、推举制、竞争制混合搭配，扬长避短地设计用人方案可能会在现实情形中减少当年吴起那种充满合理性的悲剧。

追求完美是执行的最大障碍

在所受的教育中，尽善尽美一直是我们做人做事所追求的最高标准和行动指南，我却认为追求完美是执行的最大障碍。为方便理解，我们先考察一下追求完美的工作方式的源头。行政中追求尽善尽美实际上受微观经济学中"最大化原则"的影响。"最大化原则"包括诸多方面，有利润最大化、效用最大化、目标最大化等。总的来说，"最大化原则"的信徒突出地表现为追求完美的艺术情怀，理念上坚信完美的存在，思想上相信自己可以找到，所以行动上表现出或者精雕细琢，或者害怕出错、裹足不前的状态。对此美国著名经济学家赫伯特·西蒙从心理学中刺激和反应作用原理出发，认为在纷繁复杂的环境面前，人们对情况的认识、分析、综合和行动的能力是有限的。决策者的认识是有限的，这被西蒙称之为"有限度的合理性"，从而在理论上证明了追求"最大化原则"的不合理性。基于此理论的影响，结合多年公安工作的实践，我将通过此文尝试说明追求完美是执行的最大障碍这一观点，所以引出了"缺欠策略"的概念。

不追求完美的观念可能太超前，不是很好接受，所以我们先分析一下完美给执行带来的障碍。执行力不足我们应该从决策层和执行层两个方面找原因，首先是决策层。决策层为了表现能力水平和思维缜密，所以在某方案的酝酿、评审、制定阶段往往会追求完美。具体表现是加意见、加环节、加覆盖面。在美国参众两院有一个"圣诞树法案"现象，即涉及全民的教育、医疗等问题的法案反而不好通过。其实正因为这类法案惠及民众，表面上看没有输家，像圣诞树一样美，所以议员都拼命往圣诞树上增加属于自己的星星，于是此类法案修正案极多，最后像雪球一样越滚越大，往往从最初涉及几千万美金的法案到最后涉及几十亿甚至百亿美金。在公安机关的执行过程中，类似的例子也比比皆是。比如发生了一宗杀人案，勘查完现场，在案件分析会上，第一个领导发言了：根据现场看，很可能是一般抢劫杀人，理由有一二三……第二个领导讲：谁谁讲的，我完全同意，只是补充一点，也不能完全排除情杀。第三个领导讲：我完全同意他们的分析，只想提示一点，仇杀也是有可能的。以此递推，案件越分析越全面、透彻，但侦查员越无所适从。如果是大案，侦查员多还好办一些，但如果可调用的资源有限时，完美决策模式的缺点就会立马暴露出来。

决策层追求完美的另一个缺陷是贻误战机。任何一个决策都有时空背景，而其实效性往往体现在时机方面。而完美决策必须有时间和程序的保证，所以如果因为时间和程序的因素使决策贻误战机，完美又有什么意义呢？从公安机关执行方面来讲，决策层为了追求完美，经常花费大量精力在协调关系和平衡利益方面，于是贻误了方案推出的时机。公安机关另一个执行不力的现象是，很多令人振奋的思路或计划逐渐不了了之。这不是说这些思路、计划不好，恰恰是太好，制订方案时力求完美，所以无比详尽、周密。而我们经常忽略的是越周密的方案环节越多，也越脆弱、越没有灵活性，所以执行起来总是一个困难便致使全盘断裂，不是思路不实际，只是变通性太差。

决策层往往也是某项目的管理层，管理层追求完美对执行力的危害有两点：一是朝令夕改。越完善的方案在执行时越会有考虑不周全的地方。但有的领导在制订方案时往往不从方案的目的与效果出发，而是在搞艺术创作。所以方案总是变来变去，好像一丝不苟，实际上是艺术情怀在作怪。殊不知最好的画永远在画家的脑海里，最好的电影永远在导演的头脑中！于是下属对变化总是无所适从，对执行效果无法预期，行为上必然无主观能动性，且会因为担心返工重来而减缓执行。二是求全责备。有的领导对执行结果永远不满意，好像是精益求精，认为高标准、严要求一定会出好成果。但他们不明白这正陷入一个心理学陷阱——习得性无助。有心理学家发现当持续电击铁笼子时，笼内小白鼠最初到处逃窜，最后发现无处藏身时，小白鼠会趴在一处绝望地一动不动。工作、生活也是如此，当面对不停的刺激、无休止的要求时，人往往选择放弃，选择逆来顺受、随遇而安。

从执行层角度看，追求完美有什么不当呢？执行层第一个表现是要求完美的执行条件。当业务部门向被指导单位部署工作时，最常听到的是如果能把我们的一把手叫来，我们回去开展工作一定质量更高。这种意见初听起来很有道理，但禁不住推敲。一把手高度重视固然好，但一把手有多少精力高度重视每件事？表面上看，要求一把手重视是为了提升工作质量，实际上执行层是给自己创造更便利的执行条件！执行层第二个表现是要编制，要钱，要装备。这点和第一点在逻辑上同等，只是提出的人不同，第一点是民警和副手最爱讲的，第二点是一把手最爱提的。执行层第三个表现是放大困难。当公安上级部门就某方案征求意见时，可以发现下级经常将方案想得极为周到，提出很多问题和假设。表面上是希望上级把方案制订详尽，但更多的时候潜台词是：目前挺好，你们不要瞎折腾！执行层第四个表现是基层针对方案只谈认识，规避措施。我们经常发现下级领导对某问题的认识非常到位，可以从国际大气候谈到国内小气候，从历史大趋势谈到时代总要求，从社会变迁谈到经济发展。但是到他的部门该采取哪些措施，达到何种效果时，却没有下文了！

以上我着重从决策层和执行层两个方面分析了追求完美对执行力的负面影响，目的还是要引入"次优理论"。

"次优理论"实际上是赫伯特·西蒙根据有限度合理性的分析，用"令人满意的行为原则"来代替"最大化原则"，其中的差别在于从海底捞起一根足够锋利的针与捞起一根最锋利的针。从总体上讲，"次优理论"是决策领域的理念革命，但更是以执行操作为导向的决策观念更新，如果引入具体的公安基层工作中，我认为我们可以从下面几方面加以改进。

一是决策层要有缺陷意识。这并不是要我们追求缺陷，而是要容忍缺陷。在法治不断完善的今天，社会要求公安机关一定要精确打击，同理公安管理工作也应精确找准问题，不能再搞思想领域的狂轰滥炸或滥用抗生素的打针吃药。我们可以回忆，在会议中，如果领导把所有问题都讲一遍，等于没有讲。《孙子兵法》曰："无所不备则无所不寡。"当我们都想齐了时，我们什么也干不了了。而且领导决策时应逐步加入成本意识。目前有的同志讲，我们做事不讲成本，只管目的，所以为更好地达到完美目的，经常可以"不惜一切代价"。这种观念有些现实基础，但我们要看出大趋势，不计成本地追求完美，如果将来"拉清单"，能被理解吗？

二是决策层和执行层都要有全局观，执行中不能加入过多岗位利益。有时决策层会陷入空、大、全，这样能立于不败之地，因为问题我都讲到了，做到做不到是你们的事。执行层最常出现的习惯是执行前提一堆条件，其中当然有工作中必需的，也有明知达不到的。因为这样执行层能为以后推卸责任寻找借口：困难我都提了，你们解决不了，所以执行不力的责任不在我。两种现象虽由不同层级表现出来，但背后的思维逻辑是一样的。"屁股指挥脑袋"是管理现象，但我们的脑袋如果完全被屁股控制住，那你的屁股永远不会往上挪了。

本文通过分析决策层和执行层两方面在执行中的作用，重点想表达"完美是执行的敌人"这一观点。在公安实践工作中，决策层和执行层往往交叉在一起，因为决策本身就是一种执行，而执行中又经常要评估决策。所以不管我们处于哪个层级，执行中都应充分理解缺欠。如果不理解缺欠，自然会认为方案就是高速公路，执行就是猛踩油门，于是遇到困难马上紧张，随即形成困难导向，即经常纠缠于困难当中而忘记目标。最后碰到几个困难后立即锐气大减，要不半途而废，要不脚踩西瓜皮——滑到哪里算哪里。总之，执行中追求完美的人最喜欢聚焦困难、放大困难，最后被困难压倒。而只有充分理解执行中的缺欠，遇到困难时才能继续紧扣目标，逐一解决，稳步推进。执行型的人才最知道宁可退而求其次，也不可半途而废。

记得初中课文学过：蜀之鄙有二僧，其一贫，其一富。贫者语于富者曰："吾欲之南海，何如？"富者曰："子何恃而往？"曰："吾一瓶一钵足矣。"富者曰："吾数年来欲买舟而下，犹未能也。子何恃而往！"越明年，贫者自南海还，以告富者。富者有惭色。其中，富僧是典型的"完美主义"执行者，贫僧才是"次优理论"执行者，结果呢？